50 Noticias de Nuestra Vida: los momentos que siempre recordaremos

Andrea Ray Heredero

1

"Caos en el Capitolio: El Día que Sacudió a Estados Unidos"

El 6 de enero de 2021, Estados Unidos se vio sacudido por una insurrección sin precedentes cuando seguidores del entonces presidente Donald Trump irrumpieron en el Capitolio en Washington D.C. La jornada había comenzado con un discurso incendiario de Trump, instando a sus partidarios a "luchar" para revertir los resultados electorales.

El caos estalló cuando una multitud enardecida, agitada por afirmaciones infundadas de fraude electoral, invadió el Capitolio, desafiando la seguridad y sembrando el pánico entre legisladores y funcionarios presentes. Escenas de violencia, saqueos y enfrentamientos con la policía inundaron las redes y los medios de comunicación.

Este evento dejó múltiples heridos, daños materiales y un profundo impacto en la política estadounidense. Los legisladores fueron evacuados, interrumpiendo el proceso de certificación de la victoria electoral de Joe Biden. Horas después, la sesión se reanudó y se confirmó oficialmente la victoria de Biden.

Las repercusiones políticas no tardaron en llegar. Se iniciaron procedimientos de juicio político contra Trump por "incitación a la insurrección", aunque el Senado lo absolvió. Sin embargo, el acontecimiento condujo a una serie de arrestos y acciones legales contra los participantes en el asalto.

Este asalto al Capitolio, una de las imágenes más impactantes en la historia política de Estados Unidos, despertó debates sobre la democracia, la seguridad nacional y la polarización política. Además, planteó cuestionamientos sobre el papel de las redes sociales y la responsabilidad de los líderes en la incitación a la violencia.

El suceso trascendió fronteras, generando preocupación y reacciones en todo el mundo sobre el estado de la democracia en una de las naciones más poderosas del planeta. Marcó un hito en la historia contemporánea, dejando una cicatriz en la conciencia colectiva de una nación que se enfrentó a una amenaza interna a sus instituciones democráticas.

La insurrección en el Capitolio del 6 de enero de 2021 permanecerá en la memoria como un momento crítico en la historia de Estados Unidos, resaltando la necesidad de reflexionar sobre la fragilidad de la democracia y la importancia de salvaguardar las instituciones frente a la violencia y la desinformación.

"11 de Septiembre: Ataques Terroristas que Sacudieron a Estados Unidos"

El 11 de septiembre de 2001, Estados Unidos fue testigo de uno de los ataques terroristas más devastadores de la historia. Ese fatídico día, grupos extremistas de Al Qaeda secuestraron cuatro aviones comerciales. Dos de ellos fueron estrellados contra las Torres Gemelas del World Trade Center en Nueva York, mientras que otro fue dirigido al Pentágono en Washington D.C. El cuarto avión, gracias al coraje de los pasajeros, se estrelló en un campo en Pensilvania en un intento por frustrar el ataque.

Estos actos de terrorismo provocaron la pérdida trágica de aproximadamente 2,977 vidas inocentes, incluyendo pasajeros, tripulación y trabajadores en las Torres Gemelas, el Pentágono y en el avión estrellado en Pensilvania. Miles de personas resultaron heridas y se generaron consecuencias a largo plazo en la salud física y mental de sobrevivientes y rescatistas.

Los ataques del 11 de septiembre marcaron un antes y un después en la historia de Estados Unidos y el mundo. El país se sumió en un profundo luto y la comunidad internacional expresó solidaridad y condena hacia estos actos terroristas. Las repercusiones políticas, sociales y económicas fueron enormes, con cambios significativos en la seguridad nacional, la política exterior y las políticas antiterroristas a nivel mundial.

Como respuesta, Estados Unidos lanzó una campaña militar conocida como "Guerra contra el Terror", invadiendo Afganistán para desmantelar a Al Qaeda y derrocar al régimen talibán, acusados de albergar y apoyar a los terroristas responsables de los ataques. Estos eventos transformaron las políticas globales, el escenario geopolítico y desencadenaron conflictos duraderos en la región del Medio Oriente.

El 11 de septiembre de 2001 se convirtió en un día conmemorativo en memoria de las víctimas y en un recordatorio de la fragilidad de la seguridad nacional. Los ataques dejaron una huella indeleble en la psique colectiva de la sociedad estadounidense y del mundo, reafirmando la necesidad de la cooperación internacional en la lucha contra el terrorismo y la promoción de la paz global.

"Devastación Inolvidable: El Huracán Katrina Golpea el Golfo de EE. UU. con Fuerza Descomunal"

El huracán Katrina, uno de los desastres naturales más destructivos en la historia de Estados Unidos, ocurrió a fines de agosto de 2005. El 29 de agosto de ese año, Katrina azotó la costa del Golfo de los Estados Unidos, especialmente afectando a Nueva Orleans, Luisiana, y áreas circundantes.

Este huracán categoría 5 causó estragos con vientos de hasta 280 km/h, rompiendo diques y provocando inundaciones catastróficas. Las deficiencias en los diques y sistemas de protección agravaron la situación, resultando en inundaciones masivas que dejaron a miles de personas atrapadas en techos o refugiadas en el Superdome de Nueva Orleans.

El huracán Katrina dejó un saldo trágico con alrededor de 1,800 muertes confirmadas, aunque algunas estimaciones sitúan la cifra de fallecidos en alrededor de 1,500 personas. La gran mayoría de las víctimas fueron en Nueva Orleans y áreas aledañas, donde las inundaciones fueron más catastróficas.

Los daños económicos fueron devastadores, ascendiendo a más de 100 mil millones de dólares. Las infraestructuras críticas fueron destruidas, miles de hogares quedaron inhabitables y la economía de la región sufrió pérdidas significativas. Además, se estima que alrededor de un millón de personas fueron desplazadas de sus hogares.

Las áreas afectadas, principalmente Nueva Orleans, quedaron sumergidas bajo el agua durante semanas, y la recuperación fue lenta y difícil. La falta de respuesta y ayuda inmediata generó críticas hacia las autoridades federales y locales, lo que desencadenó debates sobre la preparación para desastres y la respuesta gubernamental en situaciones de emergencia.

El huracán Katrina se convirtió en un símbolo de la vulnerabilidad ante los desastres naturales y expuso las disparidades sociales y económicas en la respuesta a tales crisis. A pesar de los esfuerzos de reconstrucción, los efectos del huracán Katrina siguieron sintiéndose durante años en la región del Golfo, sirviendo como un recordatorio de la importancia de la preparación y la respuesta efectiva frente a eventos naturales extremos.

"El Ocaso de la URSS: La Desintegración que Cambió la Historia Mundial"

La desintegración de la Unión Soviética marcó un hito histórico. Comenzó oficialmente el 26 de diciembre de 1991, cuando el presidente Mijaíl Gorbachov renunció al cargo de presidente de la Unión Soviética, permitiendo así la disolución formal de la URSS.

El proceso de desintegración fue un resultado de varios factores, incluyendo la política de glásnost (apertura) y perestroika (reestructuración) de Gorbachov, que buscaban reformar el sistema comunista soviético. Estas políticas, aunque intentaban modernizar y democratizar el país, debilitaron el control del gobierno central sobre las repúblicas y avivaron los movimientos separatistas.

La República de Rusia, bajo el liderazgo de Boris Yeltsin, emergió como la sucesora principal de la URSS. El 8 de diciembre de 1991, Rusia, Ucrania y Bielorrusia firmaron el Acuerdo de Belavezha, que proclamó la formación de la Comunidad de Estados Independientes (CEI), marcando el fin oficial de la Unión Soviética.

La desintegración tuvo repercusiones significativas. A nivel político, supuso el colapso del sistema comunista en Europa del Este y Eurasia, y el fin de la Guerra Fría. Económicamente, desencadenó una crisis con la transición hacia economías de mercado y el colapso de muchas industrias estatales. Socialmente, generó conflictos étnicos y movimientos nacionalistas en las exrepúblicas soviéticas.

Gorbachov fue criticado por algunos por no haber podido mantener la integridad de la Unión Soviética, mientras que Yeltsin fue una figura clave en la transformación de Rusia hacia una economía de mercado y una democracia incipiente. La desintegración de la URSS también dejó un legado geopolítico duradero, reconfigurando el mapa político del mundo y dando lugar a nuevas naciones independientes.

El proceso de desintegración provocó un cambio fundamental en la historia mundial, transformando las relaciones internacionales, la política y la economía global. La caída de la Unión Soviética fue un momento decisivo que marcó el fin de una era y el comienzo de otra, impactando de manera significativa la vida de millones de personas en Europa y el mundo entero.

"Rescate Milagroso: La Épica Odisea de los 33 Mineros Chilenos Atrapados en la Mina San José"

El fatídico 5 de agosto de 2010, en la remota mina San José, Copiapó, Chile, un derrumbe sepultó a 33 mineros a unos 700 metros bajo tierra. El suceso conmocionó al mundo, desencadenando una intensa búsqueda y una desesperada carrera contra el tiempo.

La situación se tornó desgarradora mientras se desplegaban esfuerzos para establecer contacto con los trabajadores atrapados. Diecisiete días después, la esperanza se reavivó: golpes en un tubo de sondaje confirmaron que los 33 mineros seguían con vida. Esta noticia fue un rayo de esperanza en medio de la desesperación.

El drama se desarrolló en las profundidades de la tierra mientras los mineros luchaban por su supervivencia en condiciones extremas, con limitados suministros y espacios reducidos. Mientras tanto, en la superficie, familiares, expertos en rescate y equipos de todo el mundo se unían en una misión incesante para salvar vidas.

El rescate, que se proyectaba incierto y complejo, finalmente se llevó a cabo el 13 de octubre de 2010. La operación, que duró casi 24 horas, consistió en elevar uno a uno a los mineros en una cápsula especialmente diseñada a través de un conducto de estrechez angustiante. Cada rescate fue celebrado como un milagro, llenando de alegría y alivio a todo el planeta.

El momento en que cada minero emergía a la superficie, abrazando a sus seres queridos y siendo recibido por la ovación del mundo entero, se convirtió en un símbolo de resiliencia, coraje y esperanza. La solidaridad y el ingenio humano se unieron en un esfuerzo titánico para rescatar a aquellos hombres que habían desafiado las tinieblas de la tierra.

El rescate de los 33 mineros chilenos no solo fue un triunfo técnico y logístico, sino también un testimonio conmovedor del poder del espíritu humano frente a la adversidad. Este episodio capturó la atención global, dejando una huella indeleble en la historia como una lección de unidad, valentía y la capacidad del ser humano para sobreponerse ante la tragedia.

6

"Michael Jackson: El Legado del Rey del Pop y su Impacto Global"

Michael Jackson, conocido como el Rey del Pop, nació el 29 de agosto de 1958 y se convirtió en una de las figuras más influyentes de la música. Su carrera despegó con los Jackson 5 en los años 70, pero fue como solista donde alcanzó la cima del éxito.

A lo largo de su carrera, Jackson lanzó varios álbumes icónicos, incluyendo "Thriller" (1982), el álbum más vendido de todos los tiempos con más de 66 millones de copias vendidas. Otros discos notables incluyen "Bad" (1987) y "Dangerous" (1991).

Su música no solo fue comercialmente exitosa, sino que revolucionó la industria con su estilo innovador y su capacidad para fusionar géneros como el pop, el rock y el R&B. Canciones como "Billie Jean", "Beat It" y "Man in the Mirror" se convirtieron en himnos generacionales.

A lo largo de su carrera, Jackson generó ganancias significativas, estimadas en varios miles de millones de dólares. Su éxito lo convirtió en una de las celebridades más ricas, pero también fue objeto de polémicas y escándalos en su vida personal, incluyendo acusaciones de abuso infantil que impactaron en su reputación.

La muerte de Jackson el 25 de junio de 2009, a los 50 años, en medio de los preparativos para una serie de conciertos en Londres, fue un evento que conmocionó al mundo. Su fallecimiento fue resultado de una intoxicación aguda de propofol y benzodiazepina, lo que generó controversias y una investigación judicial.

El legado de Michael Jackson perdura a pesar de las controversias, ya que su influencia en la música y el baile sigue siendo relevante. Su impacto en la cultura pop mundial, su habilidad para romper barreras raciales y su contribución al entretenimiento lo han convertido en una leyenda indiscutible, cuya música sigue siendo apreciada y recordada en todo el mundo.

"La Crisis Financiera de 2008: El Colapso Global que Sacudió los Cimientos del Mundo"

La crisis financiera de 2008 se originó en Estados Unidos debido a la burbuja inmobiliaria, donde préstamos hipotecarios de alto riesgo provocaron una explosión en el mercado de valores respaldados por hipotecas. Esta burbuja estalló, generando un colapso en el mercado de valores y desencadenando una crisis financiera de proporciones globales.

Los efectos más devastadores de esta crisis se sintieron en el sector financiero y bancario, especialmente en Wall Street, pero sus consecuencias se extendieron a nivel mundial. Grandes instituciones financieras y bancos se vieron al borde del colapso, causando un pánico generalizado en los mercados financieros y una recesión económica global.

Las consecuencias empresariales fueron catastróficas: quiebras, fusiones y adquisiciones de empresas, pérdida de empleos masiva y una disminución significativa en la actividad económica. Los rescates financieros gubernamentales y las medidas de estímulo económico se implementaron en varios países para contrarrestar los impactos negativos.

A nivel social, la crisis financiera tuvo efectos devastadores, exacerbando la desigualdad económica, aumentando la pobreza y afectando la estabilidad financiera de millones de personas. La pérdida de hogares, el aumento del desempleo y la disminución del acceso a servicios básicos contribuyeron a la angustia y el malestar social.

El impacto se extendió a todas las regiones del mundo, afectando a países desarrollados y en desarrollo por igual. Europa, Estados Unidos y partes de Asia se vieron especialmente afectados, con un deterioro significativo en las condiciones económicas y sociales.

Varias películas han abordado este tema, ofreciendo diferentes perspectivas sobre la crisis financiera de 2008. Algunas de ellas incluyen "The Big Short", que explora los entresijos del colapso del mercado hipotecario, y "Inside Job", que examina las causas y consecuencias de la crisis desde una perspectiva más amplia.

La crisis financiera de 2008 dejó una huella indeleble en la historia económica y social contemporánea. Fue un momento de crisis que puso a prueba la resiliencia de la economía mundial, desencadenando cambios significativos en las políticas financieras y económicas a nivel global, y dejando lecciones sobre la importancia de la regulación financiera y la gestión de riesgos.

"Michael Schumacher: La Leyenda de la Fórmula 1 y su Trayectoria Marcada por la Excelencia y la Adversidad"

Michael Schumacher, reconocido como uno de los mejores pilotos de Fórmula 1 de todos los tiempos, dominó la categoría durante años. Nacido el 3 de enero de 1969 en Alemania, Schumacher ingresó a la F1 en 1991 y alcanzó su primer título mundial en 1994 con Benetton, repitiendo el éxito en 1995. Su traslado a Ferrari en 1996 marcó una era.

Con Ferrari, Schumacher alcanzó un dominio sin precedentes, logrando cinco títulos consecutivos de 2000 a 2004. Su dedicación, determinación y habilidades excepcionales lo convirtieron en una leyenda. Era conocido por su agresividad en pista y su capacidad para manejar bajo presión.

Sin embargo, el 29 de diciembre de 2013, mientras esquiaba en los Alpes franceses, Schumacher sufrió un grave accidente que resultó en un traumatismo craneoencefálico. Fue puesto en coma inducido y su estado de salud se convirtió en un misterio, mantenido en privacidad por su familia.

El legado de Schumacher se mantuvo vigente incluso tras su retiro de la F1 en 2012. Su influencia en el deporte motor inspiró a una generación de pilotos y su dedicación al perfeccionismo dejó una huella imborrable en la historia de la F1.

En la actualidad, pocos detalles se conocen sobre la condición de Schumacher tras su accidente. Su familia ha mantenido un hermetismo total sobre su estado de salud, respetando su privacidad mientras continúa su recuperación en la intimidad de su hogar.

El legado de Michael Schumacher perdura en el corazón de los fanáticos de la F1 y en la historia del automovilismo. Su impacto en el deporte y su lucha personal contra la adversidad han dejado una huella indeleble en la memoria de todos aquellos que admiraron su talento y su incansable búsqueda de la grandeza en la pista.

"El Ocaso del Terror: Osama bin Laden y su Impacto Perdurante tras su Muerte"

Osama bin Laden, nacido el 10 de marzo de 1957 en Arabia Saudita, ascendió como líder de Al-Qaeda, una red terrorista responsable de múltiples ataques en todo el mundo, incluyendo los trágicos sucesos del 11 de septiembre de 2001 en Estados Unidos.

El 2 de mayo de 2011, las fuerzas especiales estadounidenses llevaron a cabo una operación encubierta en Abbottabad, Pakistán, que condujo a la muerte de bin Laden. Esta noticia marcó un punto de inflexión en la lucha contra el terrorismo global y representó una victoria simbólica en la búsqueda de justicia para las víctimas de los ataques perpetrados por Al-Qaeda.

El impacto de su muerte se extendió por todo el mundo, generando reacciones encontradas. Mientras algunos celebraban el fin de una figura icónica del terrorismo, otros expresaban preocupaciones sobre posibles represalias y la evolución de Al-Qaeda sin su líder carismático.

A pesar de su fallecimiento, el legado de bin Laden y su influencia en el terrorismo internacional persistieron. Si bien su muerte afectó la estructura de Al-Qaeda, el terrorismo global continuó representando una amenaza, evidenciando que la eliminación de una sola figura no erradica completamente la ideología radical.

El mundo observó con cautela cómo la noticia de la muerte de bin Laden alteraba las dinámicas políticas y de seguridad internacional. Su eliminación, aunque significativa, no cerró el capítulo del terrorismo global, desencadenando debates sobre la estrategia antiterrorista y el futuro de la lucha contra el extremismo.

El 2 de mayo de 2011 se convirtió en un momento crucial en la historia moderna, simbolizando un hito en la guerra contra el terrorismo. La noticia de la muerte de bin Laden resonó en la conciencia mundial, marcando un cambio en la percepción global del riesgo y la seguridad.

"Tragedia en París: Los Ataques Terroristas de 2015 que Conmocionaron al Mundo"

El 13 de noviembre de 2015, París fue escenario de una serie de ataques coordinados perpetrados por extremistas islámicos en varios lugares de la ciudad. Los lugares incluyeron la sala de conciertos Bataclan, bares, restaurantes y el Estadio de Francia. Los terroristas llevaron a cabo una masacre brutal y sin sentido.

Los ataques dejaron un saldo devastador: murieron 130 personas y más de 400 resultaron heridas. Fue un golpe impactante a la tranquilidad de la ciudad, sumiendo a Francia y al mundo en un estado de conmoción, tristeza y consternación.

Los motivos detrás de estos ataques estaban vinculados al extremismo yihadista, perpetrados por individuos radicalizados que buscaban sembrar el terror y propagar su ideología violenta. Estos actos de barbarie buscaron socavar la libertad y la diversidad de París, atacando la esencia misma de la sociedad.

Las consecuencias fueron profundas. Francia declaró el estado de emergencia, intensificó las medidas de seguridad y llevó a cabo operaciones antiterroristas para desmantelar células extremistas. Además, estos ataques despertaron debates sobre la seguridad nacional, el flujo de refugiados y la lucha contra el extremismo en Europa.

Los ataques terroristas en París en 2015 representaron un golpe al corazón de la ciudad, pero también un llamado a la solidaridad y la unidad mundial contra el terrorismo. El mundo miró con tristeza y solidaridad a París, demostrando su apoyo y reafirmando la determinación para combatir la barbarie y preservar la paz.

La tragedia de los ataques terroristas en París en 2015 sigue siendo un recuerdo sombrío que recordamos con pesar y solidaridad hacia las víctimas y sus familias, mientras reafirmamos nuestro compromiso con la paz y la lucha contra el terrorismo.

"El Auge de las Criptomonedas: Revolucionando las Finanzas Globales"

Las criptomonedas son monedas digitales descentralizadas que utilizan la criptografía para garantizar la seguridad de las transacciones y controlar la creación de nuevas unidades. La primera y más famosa criptomoneda es el Bitcoin, creada en 2009 por una persona o grupo bajo el pseudónimo de Satoshi Nakamoto, cuya identidad real aún permanece desconocida.

Estas monedas digitales han ganado importancia mundial al ofrecer una alternativa al sistema financiero tradicional. Utilizan una tecnología llamada blockchain, un registro público y descentralizado de todas las transacciones, lo que garantiza la transparencia y la seguridad sin la necesidad de intermediarios financieros.

El surgimiento de las criptomonedas ha despertado un interés masivo debido a su potencial para cambiar la forma en que comprendemos y realizamos transacciones financieras. Su adopción ha sido impulsada por su accesibilidad, rapidez y bajos costos de transacción en comparación con los métodos de pago tradicionales.

Sin embargo, su futuro sigue siendo objeto de debate y especulación. Algunos creen que las criptomonedas revolucionarán completamente el sistema financiero, mientras que otros advierten sobre su volatilidad y los riesgos asociados, como la especulación descontrolada y la falta de regulación.

A pesar de las incertidumbres, las criptomonedas continúan ganando terreno en la economía global. La adopción está en aumento, con empresas y gobiernos explorando su integración en sus sistemas financieros. Esto plantea preguntas sobre el futuro de las finanzas y cómo las criptomonedas podrían remodelar el panorama económico a largo plazo.

En resumen, las criptomonedas representan una innovación disruptiva que está transformando el mundo financiero. A medida que continúa su evolución, se espera que sigan generando debates, desafíos regulatorios y oportunidades que moldeen el futuro de las transacciones y la economía mundial.

"ETA: Un Pasado de Violencia y Dolor, y el Camino hacia la Paz"

ETA (Euskadi Ta Askatasuna) fue un grupo terrorista de orientación separatista vasca que buscaba la independencia del País Vasco y Navarra, en España. Se formó a finales de la década de 1950, adoptando la violencia como medio para sus objetivos políticos. Durante décadas, perpetraron numerosos atentados, utilizando tácticas como bombas, asesinatos y secuestros.

A lo largo de su historia, ETA fue responsable de más de 800 asesinatos y miles de heridos en aproximadamente 2,600 atentados. Estos ataques provocaron un sufrimiento inconmensurable y dejaron una profunda cicatriz en la sociedad española y en el País Vasco, causando un dolor que perdura hasta hoy.

La importancia de ETA en España y Francia fue enorme. Durante años, el grupo sembró el terror en la región, generando miedo y división. La lucha contra ETA se convirtió en una prioridad para los gobiernos de ambos países, implementando medidas para desmantelar la organización y llevar a sus miembros ante la justicia.

Sin embargo, tras años de violencia y sufrimiento, ETA anunció en 2011 el cese definitivo de su actividad armada, marcando un hito en su historia. En 2018, la organización disolvió formalmente sus estructuras, poniendo fin a más de medio siglo de terror y violencia.

El legado de ETA es uno de dolor, pérdida y sufrimiento. Si bien su desaparición ha traído un respiro y esperanza de paz, su historia dolorosa no debe olvidarse. Es crucial aprender de este pasado oscuro para evitar que se repita en el futuro, y trabajar para sanar las heridas y construir un camino hacia la reconciliación y la convivencia pacífica en el País Vasco y en toda España.

"Hugo Chávez: Un Legado Polémico y su Impacto Perdurante tras su Fallecimiento"

Hugo Chávez, líder carismático y controvertido, falleció el 5 de marzo de 2013, dejando un vacío político en Venezuela y un legado que sigue suscitando debates. Su política socialista y su visión de una "Revolución Bolivariana" transformaron profundamente el país y tuvieron una influencia significativa en América Latina y el mundo.

Chávez implementó reformas radicales, incluyendo nacionalizaciones de empresas, programas sociales y cambios en la constitución para consolidar su poder. Su ideología socialista buscaba redistribuir la riqueza y dar más poder al Estado en detrimento de la iniciativa privada.

A nivel internacional, Chávez promovió una agenda anti-imperialista, desafiando la influencia estadounidense y estableciendo alianzas con países como Cuba, Irán y Rusia. Su retórica incendiaria en contra de Estados Unidos lo hizo una figura polarizante en la política global.

Tras su fallecimiento, Nicolás Maduro, su vicepresidente, se convirtió en su sucesor. Maduro mantuvo la línea ideológica de Chávez, aunque enfrentó mayores desafíos, incluyendo una profunda crisis económica, social y política en Venezuela.

La muerte de Hugo Chávez dejó un país dividido. Mientras algunos lo consideran un líder carismático que luchó por los más desfavorecidos, otros critican su legado, culpándolo de la crisis que actualmente afecta a Venezuela y cuestionando su manejo del poder.

El legado de Chávez sigue siendo objeto de controversia, ya que su influencia perdura en la política venezolana y en la región. A pesar de su fallecimiento, su impacto político y social continúa generando debates sobre su legado y el futuro de Venezuela.

"Michael Jordan: La Leyenda que Trasciende el Deporte y Define el Espíritu Competitivo"

Michael Jordan, nacido el 17 de febrero de 1963 en Brooklyn, Nueva York, es reconocido como uno de los más grandes deportistas de todos los tiempos. Su legado va más allá de sus logros en el baloncesto; su impacto abarca la cultura popular, el marketing deportivo y la inspiración para generaciones enteras.

En su carrera en la NBA, Jordan deslumbró al mundo con su juego. Se convirtió en el ícono de los Chicago Bulls, ganando seis campeonatos de la NBA y siendo nombrado cinco veces el Jugador Más Valioso (MVP) de la liga. Su habilidad para anotar puntos era insuperable, demostrando un dominio absoluto en la cancha.

Pero su influencia no se limitó a sus proezas deportivas. Jordan se convirtió en un fenómeno cultural. Su asociación con Nike para la línea de zapatillas "Air Jordan" cambió la industria del calzado deportivo y sentó las bases para la colaboración entre atletas y marcas, convirtiendo su nombre en una marca global.

S   u imagen como el epítome de la excelencia deportiva y su ética de trabajo implacable lo catapultaron a la fama mundial. Jordan personificaba la determinación, el liderazgo y la competitividad desenfrenada, inspirando a millones a superar límites y a perseguir sus sueños.

Incluso después de retirarse, Jordan continúa siendo una figura emblemática. Su marca personal sigue siendo una de las más exitosas en la historia del deporte. Además, su influencia trasciende generaciones, ya que su legado sigue inspirando a atletas y aficionados de todo el mundo a alcanzar la grandeza.

Michael Jordan no solo fue un fenómeno en la cancha, sino un ícono cultural que cambió para siempre la percepción del deporte y su comercialización. Su impacto sigue siendo un modelo para el éxito, la perseverancia y el dominio en el mundo del deporte y más allá.

"Miguel Indurain: La Leyenda del Ciclismo que Marcó una Época"

Miguel Indurain, nacido el 16 de julio de 1964 en Villava, Navarra, se convirtió en un ícono del ciclismo mundial. Su legado no solo se encuentra en sus logros en el Tour de Francia, sino en su impacto en la historia del deporte y en la inspiración que brindó a toda una generación.

Indurain dejó una huella imborrable en el ciclismo al ganar cinco Tours de Francia consecutivos desde 1991 hasta 1995, un hito extraordinario en la historia de la competición. Su destreza en las contrarrelojes y su resistencia en las etapas montañosas lo catapultaron a la cima del deporte.

Sin embargo, su influencia trascendió los límites del ciclismo. Indurain personificaba la dedicación, la humildad y la constancia en el deporte. Su estilo tranquilo y su enfoque meticuloso lo convirtieron en un modelo a seguir, inspirando a muchos a seguir sus pasos en la bicicleta y más allá.

Su impacto en España y en el mundo del ciclismo fue monumental. Indurain se convirtió en un símbolo de la excelencia deportiva, llevando a la afición del ciclismo a emocionarse y a apoyar a su ídolo en cada pedalada. Su legado continúa siendo una fuente de inspiración para ciclistas y aficionados.

Aunque se retiró del ciclismo profesional en 1996, el legado de Miguel Indurain sigue vivo. Su nombre perdura como uno de los grandes del deporte español y mundial, recordado por su grandeza en la bicicleta y su impacto duradero en el mundo del ciclismo.

16

"Rafael Nadal: La Leyenda del Tenis y su Legado Imborrable en la Cancha"

Rafael Nadal, nacido el 3 de junio de 1986 en Manacor, Mallorca, ha dejado una huella indeleble en el mundo del tenis. Su carrera ha sido un testimonio de dedicación, determinación y habilidad sin igual, convirtiéndose en una leyenda viviente del deporte.

Conocido como "Rafa", Nadal ha dominado las canchas de tenis durante más de una década. Ha ganado numerosos Grand Slam, incluyendo un récord de 13 títulos en Roland Garros, así como múltiples títulos en Wimbledon, el Abierto de Australia y el Abierto de los Estados Unidos. Su estilo de juego agresivo y su espíritu luchador lo han llevado a la cima del tenis mundial.

En su trayectoria, Nadal ha tenido notables rivalidades con dos gigantes del tenis moderno: Roger Federer y Novak Djokovic. Frente a Federer, ha protagonizado algunos de los encuentros más épicos en la historia del tenis, con una competencia que ha cautivado al mundo por su intensidad y nivel de juego. Con Djokovic, ha protagonizado enfrentamientos memorables, forjando una tríada de competencia feroz y respetuosa que ha enriquecido el deporte.

Más allá de sus logros deportivos, Nadal personifica los valores de humildad, esfuerzo y superación. Su tenacidad en la cancha, su ética de trabajo incansable y su respeto por el juego lo han convertido en un modelo a

33

seguir para jóvenes tenistas y admiradores de todo el mundo.

El impacto de Nadal en el tenis español y mundial es innegable. Ha inspirado a una generación de aficionados al tenis y ha llevado el deporte a niveles de popularidad sin precedentes en España y más allá. Su influencia va más allá de las canchas, siendo un ejemplo de perseverancia y superación personal.

A pesar de los desafíos físicos a lo largo de su carrera, Nadal ha demostrado una capacidad inquebrantable para recuperarse y regresar aún más fuerte. Su entrega y pasión por el juego han cautivado a los aficionados, convirtiéndolo en una leyenda viva del tenis y un verdadero embajador del deporte.

El legado de Rafael Nadal continúa evolucionando. Su impacto en el tenis y su papel como referente deportivo se mantienen vigentes, asegurando un lugar permanente en la historia del deporte y dejando un legado imborrable en el mundo del tenis.

"Magic Johnson y Larry Bird: La Épica Rivalidad que Transformó el Baloncesto"

Magic Johnson y Larry Bird, dos leyendas del baloncesto, surgieron en la década de los 80 para redefinir el deporte y protagonizar una de las rivalidades más icónicas en la historia del baloncesto.

Magic Johnson, con los Los Angeles Lakers, y Larry Bird, con los Boston Celtics, encabezaron equipos legendarios y se convirtieron en símbolos de sus respectivas franquicias. Sus encuentros en las Finales de la NBA se volvieron un evento esperado, alimentando la competencia entre dos gigantes del baloncesto.

Johnson y Bird no solo eran rivales en la cancha, sino también representantes de dos estilos de juego distintos. Magic era conocido por su visión de juego y habilidades de pase sobresalientes, mientras que Bird destacaba por su precisión en el tiro y su aguda inteligencia para el juego.

Esta rivalidad trascendió lo deportivo, sirviendo como motor para impulsar al baloncesto hacia nuevas alturas. Sus enfrentamientos en la cancha motivaron a sus equipos y a la liga en general, atrayendo a más aficionados al baloncesto y elevando la calidad del juego a niveles sin precedentes.

A lo largo de sus carreras, ambos cosecharon múltiples títulos de la NBA: Johnson logró cinco campeonatos con los Lakers, mientras que Bird obtuvo tres con los Celtics. Sus duelos épicos en las Finales de la NBA se convirtieron en un legado indeleble en la historia del baloncesto profesional.

Más allá de su competencia, Johnson y Bird también se convirtieron en amigos y admiradores mutuos, respetando profundamente el talento del otro. Su rivalidad fue más que un enfrentamiento deportivo, representaba una motivación constante para elevar el nivel del juego y deleitar a los aficionados.

La legendaria rivalidad entre Magic Johnson y Larry Bird no solo definió una era del baloncesto, sino que también dejó un legado de excelencia, amistad y respeto en el deporte, inspirando a generaciones de jugadores y aficionados y consolidando su lugar en el panteón de los grandes del baloncesto.

"11 DE Marzo de 2004: la tragedia en Madrid"

El 11 de marzo de 2004, una serie de atentados con bombas en trenes en Madrid, España, causaron una gran tragedia. Dichos atentados, conocidos comúnmente como el 11-M, resultaron en un elevado número de víctimas, causando un impacto devastador en la capital española y en todo el país. La motivación detrás de estos atentados y su relación con las elecciones generales próximas fueron temas de gran debate y análisis.

El gobierno en ese momento, dirigido por el Partido Popular (PP), inicialmente atribuyó los ataques a ETA, la organización separatista vasca. Sin embargo, posteriormente se descubrió que la autoría estaba vinculada a un grupo extremista islámico, lo que generó un intenso debate político y social en España.

Las reacciones internacionales ante este trágico evento fueron de solidaridad y apoyo hacia España, con numerosos países expresando su condena a los ataques y ofreciendo su respaldo al país en estos momentos difíciles.

El 11-M sigue siendo un recuerdo doloroso para España y para el mundo, ya que dejó una profunda marca en la historia y en la memoria colectiva del país, recordándonos la importancia de la unidad, la solidaridad y el rechazo a la violencia terrorista.

Descansen en paz todas las víctimas.

"La Lista de Schindler: La Memoria Viva de un Acto Heroico Inolvidable"

La historia de Oskar Schindler, un industrial alemán, se destaca como un acto de valentía y humanidad en medio del horror del Holocausto. Schindler salvó a más de mil judíos polacos durante la Segunda Guerra Mundial al emplearlos en su fábrica, una acción que se convirtió en un acto de resistencia contra el régimen nazi.

La película "La Lista de Schindler", dirigida por Steven Spielberg en 1993, es un homenaje magistral a esta historia verídica. Ganadora de siete premios de la Academia, incluyendo Mejor Película y Mejor Director, la cinta retrata de manera impactante los eventos históricos. Spielberg optó por filmarla en blanco y negro, pero incluyó momentos en color selectivos para resaltar la humanidad y el sufrimiento en medio de la tragedia.

Liam Neeson interpreta el papel de Oskar Schindler, encarnando su compasión y dilema moral al salvar vidas en un entorno brutal. También, Ralph Fiennes se destaca por su actuación como Amon Goeth, el oficial nazi que representa la brutalidad despiadada del Holocausto.

La película de Spielberg se convirtió en un catalizador para aumentar la sensibilización sobre el Holocausto, generando un profundo impacto en la audiencia. El enfoque cuidadoso de Spielberg y la narrativa emocional llevaron a que la película fuera un recordatorio conmovedor de las atrocidades del pasado y un llamado a la reflexión sobre la humanidad.

"La Lista de Schindler" trasciende ser solo una película; es un testimonio de la resistencia y la redención en tiempos de adversidad. Su capacidad para conmover, educar y honrar la memoria de aquellos afectados por el Holocausto la convierte en una obra maestra cinematográfica y un tributo perdurable a aquellos que lucharon por la dignidad humana en tiempos oscuros.

"Barack Obama: Un Hitos Histórico y el Legado de un Presidente Transformador"

La elección de Barack Obama como el primer presidente afroamericano de los Estados Unidos en 2008 marcó un momento crucial en la historia del país y del mundo. Como miembro del Partido Demócrata, su elección fue un símbolo de cambio y esperanza para millones de personas, promoviendo la unidad y la inclusión en la sociedad.

Obama se destacó por su carisma, su habilidad para la oratoria y su carácter conciliador. Su familia, especialmente su esposa Michelle Obama y sus hijas, se convirtieron en figuras admiradas y respetadas, aportando una imagen de unidad y modernidad a la Casa Blanca.

Su conexión con el mundo fue notable, restaurando relaciones diplomáticas con países aliados y buscando un enfoque más colaborativo en la política exterior. A pesar de los desafíos, Obama representó un cambio de paradigma en las relaciones internacionales, impulsando conversaciones cruciales sobre temas globales.

Además de su perfil político, Obama mostró su pasión por el baloncesto, un deporte que jugó y amó. Este interés no solo lo acercó a la cultura popular, sino que también sirvió como punto de conexión con la juventud estadounidense y como una metáfora de su estilo de liderazgo: estratégico, ágil y enfocado en el trabajo en equipo.

Como presidente, Obama implementó la Ley de Cuidado de Salud Asequible (conocida como Obamacare), que buscaba ampliar el acceso a la atención médica. Además, promovió medidas económicas para enfrentar la recesión y lideró esfuerzos para combatir el cambio climático.

Barack Obama no solo representó un hito histórico como el primer presidente afroamericano, sino que su presidencia dejó una marca indeleble en la política estadounidense y mundial. Su legado como un líder carismático, progresista y comprometido con el cambio sigue siendo relevante y continuará influenciando el discurso político y social por muchos años más.

"Lady Di: El Legado Eterno de la Reina de los Corazones"

Diana Spencer, más conocida como Lady Di, fue una figura excepcional que cautivó al mundo con su gracia, carisma y dedicación humanitaria. Como miembro de la realeza británica, se convirtió en un ícono, conocida por su encanto natural y su compromiso con causas altruistas.

Casada con el príncipe Carlos en 1981, su boda fue un evento mundialmente seguido. A lo largo de su matrimonio, Diana se convirtió en una figura popular y querida, ganándose el aprecio del público por su cercanía con la gente y su apoyo a diversas causas humanitarias, especialmente aquellas relacionadas con la salud y el bienestar de los niños.

Su relación con los medios de comunicación fue intensa. Fue una de las figuras más fotografiadas y seguidas por la prensa, una exposición que le dio el apodo de "Reina de los Corazones". Sin embargo, también enfrentó un escrutinio implacable por parte de los tabloides, lo que ejerció una presión inmensa en su vida personal.

La trágica muerte de Lady Di en un accidente automovilístico en París en 1997, junto con su compañero Dodi Al-Fayed, conmocionó al mundo entero. El recuerdo de su bondad, su elegancia y su compromiso con las causas humanitarias dejó un vacío doloroso, generando un luto global y un profundo sentimiento de pérdida.

El legado de Lady Di sigue vivo. Su impacto no se limita a su papel en la realeza, sino que trasciende como un símbolo de compasión y bondad. Su influencia en la conciencia pública y su legado humanitario continúan inspirando a millones, recordándonos la importancia de la empatía y el compromiso con el bienestar de los demás. Lady Di sigue siendo una figura inolvidable cuyo legado perdura en el corazón de quienes la amaron y admiraron en todo el mundo.

"COVID-19: La Pandemia Global que Transformó Nuestro Mundo"

El COVID-19 es una enfermedad causada por el coronavirus SARS-CoV-2 que surgió en diciembre de 2019 en la ciudad china de Wuhan. Se propagó rápidamente a nivel mundial debido a su alta tasa de contagio, transmitiéndose principalmente a través de gotículas respiratorias al hablar, toser o estornudar.

La pandemia afectó a casi todos los países del mundo. Algunos de los más afectados incluyeron a Estados Unidos, España, Francia, Reino Unido, Alemania, Japón y China. Las cifras mundiales de muertes superaron los millones, con millones más de infectados.

En Estados Unidos, se registraron cientos de miles de muertes y millones de casos confirmados. En España, la cifra de muertos superó las cien mil, con un gran impacto en la población. Francia, Inglaterra y Alemania también sufrieron miles de muertes y tuvieron que enfrentar desafíos significativos en sus sistemas de salud.

África, aunque no tan gravemente afectada como otras regiones, también enfrentó desafíos debido a sus recursos limitados y a la propagación del virus. Japón y China tomaron medidas estrictas para contener la propagación y limitar el impacto del virus en sus poblaciones.

La pandemia tuvo consecuencias devastadoras en la economía global, con cierres de empresas, pérdida de empleos y una recesión económica significativa. Sin embargo, también aceleró la investigación científica y el desarrollo de vacunas, con empresas farmacéuticas compitiendo para producir vacunas efectivas en un tiempo récord.

El uso de mascarillas y el distanciamiento social se convirtieron en normas de vida cotidiana para prevenir la propagación del virus. La pandemia cambió drásticamente la forma en que vivimos, trabajamos y nos relacionamos, llevándonos a adoptar nuevas formas de vida y a repensar nuestras prioridades individuales y colectivas.

El COVID-19 ha sido un evento sin precedentes que ha dejado una huella indeleble en la historia moderna, redefiniendo nuestro modo de vida y nuestra comprensión de la salud pública a nivel global.

"Catástrofe en Haití: Recuerdan y Reconstruyen tras el Terremoto Devastador de 2010"

El fatídico 12 de enero de 2010 quedó marcado en la historia de Haití con un terremoto de magnitud 7.0 que desencadenó una tragedia sin precedentes. Afectando principalmente a la capital, Puerto Príncipe, y sus alrededores, este desastre natural cobró la vida de aproximadamente 230,000 personas, dejando a más de 1.5 millones de haitianos sin hogar y devastando la ya precaria infraestructura del país.

La comunidad internacional respondió con prontitud enviando ayuda humanitaria y equipos de rescate. Organizaciones como la Cruz Roja, Médicos Sin Fronteras y la ONU desplegaron esfuerzos masivos para brindar asistencia médica, suministros básicos y refugio a los supervivientes. Países de todo el mundo se unieron en un esfuerzo conjunto para socorrer a la nación caribeña en crisis.

Tras el caos inicial, el proceso de reconstrucción se volvió una prioridad. Se establecieron planes de reubicación, se trabajó en la construcción de viviendas temporales y se implementaron proyectos de rehabilitación de infraestructuras clave, como hospitales, escuelas y carreteras. Sin embargo, la recuperación se vio obstaculizada por la corrupción, la inestabilidad política y la falta de fondos, lo que ralentizó significativamente el progreso.

En el aniversario número 10 del terremoto en 2020, se realizaron conmemoraciones en todo el país para honrar a las víctimas y reflexionar sobre el camino recorrido. Aunque se lograron avances en la reconstrucción, aún quedaban secuelas visibles de la catástrofe en la vida diaria de los haitianos.

Hoy, a más de una década del desastre, Haití sigue luchando contra sus desafíos persistentes. La nación ha enfrentado brotes de enfermedades, crisis políticas, desastres naturales posteriores y la pandemia de COVID-19, que ha agravado aún más su situación.

A pesar de estos obstáculos, el espíritu resiliente del pueblo haitiano prevalece. Las comunidades locales, junto con organizaciones internacionales, continúan trabajando para reconstruir el país y mejorar las condiciones de vida. Se están implementando programas de desarrollo sostenible para fortalecer la economía, mejorar la infraestructura y proporcionar oportunidades educativas y de empleo.

El terremoto de 2010 dejó cicatrices profundas en el alma de Haití, pero también inspiró solidaridad global y un compromiso duradero para ayudar a esta nación a levantarse y avanzar hacia un futuro más próspero y seguro. La memoria de aquel desastre sigue siendo un recordatorio de la resiliencia humana y la importancia de la cooperación internacional en tiempos de crisis.

"Terremoto y Tsunami en Japón de 2011: Impacto Devastador y Crisis Nuclear en Fukushima"

El 11 de marzo de 2011, Japón fue sacudido por un terremoto de magnitud 9.0 en la escala Richter, uno de los más poderosos registrados en la historia del país. Este sismo desencadenó un tsunami masivo con olas de hasta 40 metros que azotaron la costa noreste, causando una destrucción generalizada en varias prefecturas, siendo Tohoku la más afectada.

El tsunami devastador dejó más de 15,000 personas fallecidas y desaparecidas, además de millones de desplazados y daños materiales incalculables. Ciudades enteras fueron arrasadas, infraestructuras de vital importancia colapsaron y comunidades quedaron sumidas en el caos.

Sin embargo, el impacto no terminó ahí. El terremoto desencadenó una cadena de eventos que llevaron al accidente nuclear en la planta de energía de Fukushima Daiichi. La central sufrió un colapso en sus sistemas de refrigeración tras el tsunami, lo que provocó la fusión parcial de los núcleos de varios reactores y la liberación de material radiactivo al medio ambiente.

El nivel de alerta en Fukushima fue elevado rápidamente a un desastre nuclear de nivel 7, el máximo en la escala internacional, igualando el desastre de Chernóbil. El gobierno japonés estableció una zona de exclusión de 20 km alrededor de la planta y ordenó la evacuación de más de 150,000 residentes debido a la radiación.

La crisis nuclear generó preocupaciones a nivel mundial sobre la seguridad nuclear y la dependencia de la energía atómica. La contaminación radiactiva afectó la agricultura, la pesca y la salud pública, generando una situación de emergencia que persiste hasta el día de hoy.

El proceso de descontaminación y recuperación en Fukushima ha sido largo y desafiante. Se han implementado medidas para contener la radiación, desmantelar los reactores dañados y gestionar los desechos radiactivos. A pesar de los esfuerzos, persisten desafíos considerables en la limpieza de la zona y la reintegración de los residentes evacuados.

Japón ha invertido miles de millones en la reconstrucción de las áreas afectadas por el terremoto y el tsunami. Se han realizado mejoras en la infraestructura, se han construido viviendas temporales y se ha trabajado en la revitalización económica de las comunidades afectadas.

En términos de energía, el país ha reevaluado su política nuclear, reduciendo la dependencia de la energía atómica y fomentando fuentes de energía renovable. Este desastre sirvió como un llamado de atención para la seguridad nuclear global y ha impulsado discusiones sobre la necesidad de adoptar medidas más estrictas para prevenir tragedias similares en el futuro.

El terremoto, el tsunami y el desastre nuclear de 2011 en Japón dejaron una marca indeleble en la historia del país, recordando la fragilidad de la vida humana frente a la fuerza de la naturaleza y los riesgos asociados con la tecnología nuclear. A pesar de los desafíos persistentes, Japón ha demostrado resiliencia, determinación y un compromiso inquebrantable para reconstruir y avanzar hacia un futuro más seguro y sostenible.

"E.T., el Extraterrestre": El Clásico de Ciencia Ficción que Marcó una Era.

La icónica película "E.T., el Extraterrestre" fue estrenada en 1982 y se convirtió en un fenómeno cultural instantáneo dirigido por Steven Spielberg. La trama sigue la historia de un niño llamado Elliott, interpretado por Henry Thomas, que encuentra y desarrolla un vínculo especial con un adorable extraterrestre perdido en la Tierra, apodado cariñosamente como "E.T."

El reparto también incluyó a Dee Wallace como la madre de Elliott, y a Drew Barrymore en el papel de su hermana pequeña. Sin embargo, el verdadero protagonista fue el cautivador personaje de E.T., creado con efectos especiales innovadores que, en ese momento, marcaron un hito en la industria cinematográfica.

La película no solo fue un éxito en términos de recaudación, sino que también se convirtió en un fenómeno cultural que dejó una huella indeleble en la historia del cine. "E.T., el Extraterrestre" recaudó más de 792 millones de dólares en taquilla a nivel mundial, convirtiéndose en la película más taquillera de la década de 1980 y manteniendo este récord hasta años posteriores.

La importancia de "E.T." va más allá de su éxito financiero. La película se destacó por su narrativa emotiva que exploraba temas universales como la amistad, el compañerismo, el amor y la empatía. La relación entre Elliott y E.T. conmovió a audiencias de todas las edades y se convirtió en un símbolo de la conexión humana más allá de las fronteras y diferencias.

Además, la película consolidó la reputación de Steven Spielberg como un maestro en la narración de historias y en la dirección de películas que impactan emocionalmente al público. Su habilidad para mezclar efectos especiales innovadores con una narrativa conmovedora ayudó a redefinir el género de la ciencia ficción y estableció un estándar para futuras películas del mismo tipo.

Las consecuencias de "E.T., el Extraterrestre" fueron notables en la industria del entretenimiento. No solo inspiró un fervoroso fandom y la creación de una amplia gama de productos relacionados con la película, sino que también influyó en generaciones de cineastas y se convirtió en un referente cultural que perdura hasta la actualidad.

La película consolidó el poder del cine para tocar las emociones humanas más profundas y para transmitir mensajes positivos y universales. Además, demostró el impacto que una historia bien contada y personajes entrañables pueden tener en la sociedad, trascendiendo barreras culturales y generacionales.

En resumen, "E.T., el Extraterrestre" no solo fue una película exitosa en términos financieros, sino que se convirtió en un hito cultural que dejó una marca indeleble en la historia del cine. Su legado perdura como un recordatorio del poder de la amistad y la conexión humana, y su influencia continúa inspirando a generaciones de espectadores y cineastas en todo el mundo.

"Brexit: La Separación Histórica de Reino Unido y la Unión Europea"

El término "Brexit" se refiere a la salida del Reino Unido de la Unión Europea (UE) tras un referéndum histórico celebrado el 23 de junio de 2016. Con una participación del 72%, el 51.9% de los votantes optaron por abandonar la UE, mientras que el 48.1% votó a favor de permanecer.

Tras el referéndum, el proceso de negociación para la salida se extendió durante varios años. El 31 de enero de 2020, después de complejas discusiones y debates, el Reino Unido oficialmente abandonó la UE, marcando un hito en la historia política y económica de Europa.

Entre los actores más relevantes en este proceso se destacan políticos clave, incluyendo a la entonces primera ministra británica Theresa May, quien lideró las primeras fases del proceso de salida y negociación. Boris Johnson, sucesor de May, jugó un papel decisivo en la campaña a favor del Brexit y asumió la responsabilidad de llevar al Reino Unido hacia su salida de la UE.

El Brexit tuvo una serie de consecuencias significativas. Desde el punto de vista económico, la incertidumbre causada por la salida afectó los mercados financieros, la libra esterlina experimentó fluctuaciones y se produjeron cambios en los flujos comerciales entre el Reino Unido y los países de la UE.

Además, la salida del Reino Unido impactó en las políticas migratorias y aduaneras. Se implementaron controles más estrictos en las fronteras y se produjeron cambios en la regulación de la inmigración. También se establecieron nuevas normativas comerciales y aduaneras entre el Reino Unido y los estados miembros de la UE.

Las consecuencias políticas del Brexit también fueron significativas. Surgieron tensiones dentro del Reino Unido, especialmente en Irlanda del Norte y Escocia, donde hubo debates sobre la independencia y la permanencia en el Reino Unido. La frontera irlandesa se convirtió en un tema delicado, y se trabajó en un acuerdo (Acuerdo de Retirada) para evitar una frontera dura entre Irlanda del Norte y la República de Irlanda.

En términos de declaraciones políticas, líderes de ambos lados hicieron pronunciamientos importantes durante el proceso. Por un lado, líderes pro-Brexit argumentaban que la salida permitiría al Reino Unido recuperar su soberanía y tomar el control de sus propias leyes y regulaciones. Por otro lado, partidarios de la permanencia argumentaban que abandonar la UE podría afectar negativamente la economía británica y socavar la influencia internacional del país.

El Brexit se convirtió en un tema divisivo y polarizador que generó un debate intenso y profundo en la sociedad británica y en toda Europa. La decisión de separarse de la UE tuvo ramificaciones a corto y largo plazo en la política, la economía y la sociedad, y continuará siendo objeto de análisis y estudio en los años venideros, tanto en el Reino Unido como en la Unión Europea.

26

"Invasión de Irak: Falsas Premisas, Consecuencias Devastadoras y Caída de Saddam Hussein"

La invasión de Irak en 2003 fue una operación liderada por Estados Unidos, el Reino Unido y una coalición de aliados que tuvo como objetivo principal derrocar al régimen de Saddam Hussein. La principal justificación presentada por las potencias occidentales para esta invasión fue la supuesta existencia de armas de destrucción masiva (ADM) en posesión del gobierno iraquí y la presunta amenaza que representaban para la seguridad internacional.

Sin embargo, las afirmaciones sobre la posesión de ADM por parte de Irak resultaron ser basadas en información errónea o incluso manipulada. Se argumentó que el régimen de Hussein poseía armas químicas y biológicas, así como la intención de desarrollar armas nucleares. Esta premisa fue utilizada como justificación para una acción militar que, en retrospectiva, carecía de fundamentos sólidos.

Los líderes políticos, incluyendo al presidente estadounidense George W. Bush, al primer ministro británico Tony Blair y al presidente español José María Aznar, respaldaron la intervención en Irak basándose en información de inteligencia que más tarde se reveló como incorrecta. La falta de evidencia concreta sobre la existencia de ADM ha llevado a acusaciones de engaño por parte de estos líderes políticos, especialmente en el contexto de justificar una guerra que resultó ser devastadora y cuestionable.

Las consecuencias de esta invasión fueron profundas y duraderas. La guerra resultó en un conflicto prolongado y en un costo humano y económico masivo. Según estimaciones, cientos de miles de personas, tanto civiles como militares, perdieron la vida durante y después de la invasión. La destrucción de la infraestructura y la inestabilidad resultante sumieron al país en el caos, desencadenando conflictos sectarios y políticos que persisten hasta hoy.

La caída de Saddam Hussein marcó el fin de su régimen opresivo, pero también abrió un vacío de poder que desencadenó tensiones internas y externas en Irak. La ocupación liderada por Estados Unidos y la coalición aliada se enfrentó a una resistencia insurgente y a la creciente influencia de grupos extremistas, lo que sumió al país en una espiral de violencia y conflicto.

El legado de esta intervención militar ha sido objeto de críticas y controversias. La falta de justificación válida para la guerra, el costo humano y la desestabilización de la región han llevado a un escrutinio internacional. Además, la invasión de Irak socavó la confianza en la información proporcionada por líderes políticos y en la legitimidad de la toma de decisiones a nivel internacional.

En resumen, la invasión de Irak en 2003 se basó en premisas incorrectas sobre la posesión de armas de destrucción masiva por parte del régimen de Saddam Hussein. Los líderes políticos involucrados fueron acusados de engañar a sus ciudadanos y al mundo para justificar una intervención militar que resultó en consecuencias desastrosas y un alto costo humano. Esta invasión sigue siendo un punto de referencia importante en la política internacional y en la discusión sobre la legitimidad y las consecuencias de la guerra.

27

"Acuerdo de Paz en Colombia: Un Hit o un Desafío para la Construcción de la Paz"

El Acuerdo de Paz en Colombia, firmado el 24 de noviembre de 2016, marcó un hito histórico en el conflicto armado que afectó al país durante más de cinco décadas entre el Gobierno colombiano y las Fuerzas Armadas Revolucionarias de Colombia (FARC). Este acuerdo puso fin a una de las confrontaciones más largas y sangrientas en América Latina.

Los actores más relevantes en este acuerdo fueron el presidente colombiano en ese momento, Juan Manuel Santos, y el líder de las FARC, Rodrigo Londoño, también conocido como "Timochenko". Ambas partes se comprometieron a resolver las diferencias a través del diálogo y la negociación, buscando una salida pacífica y definitiva al conflicto armado.

La importancia de este acuerdo radica en su objetivo de alcanzar la reconciliación nacional y la construcción de una paz duradera en Colombia. El acuerdo abordó una amplia gama de temas, incluyendo la participación política de los excombatientes de las FARC, la reforma rural integral, la sustitución de cultivos ilícitos, la justicia transicional y la reparación de las víctimas.

Sin embargo, a pesar de sus nobles objetivos, el proceso de implementación del acuerdo enfrentó varios desafíos. Uno de los aspectos más controvertidos fue la creación de un tribunal especial para la paz, que tenía la tarea de juzgar a excombatientes por crímenes cometidos durante el conflicto, otorgando penas alternativas a la cárcel si confesaban y reparaban a las víctimas.

Otro desafío fue la reintegración de los excombatientes a la vida civil. A pesar de los esfuerzos del Gobierno y de organizaciones internacionales, hubo dificultades en brindar oportunidades económicas sostenibles y garantizar la seguridad de los excombatientes que se reincorporaron a la sociedad.

Las consecuencias del Acuerdo de Paz en Colombia fueron mixtas. Por un lado, se logró la desmovilización de miles de combatientes de las FARC y una reducción significativa de la violencia en algunas áreas del país. Además, se vieron avances en la participación política de la exguerrilla, con la creación de un partido político legal.

Por otro lado, persisten desafíos considerables en la implementación integral del acuerdo. La falta de recursos, la oposición política y la reincidencia de algunos excombatientes han obstaculizado el proceso de paz, generando preocupaciones sobre la sostenibilidad a largo plazo.

En conclusión, el Acuerdo de Paz en Colombia representó un paso significativo hacia la reconciliación y la búsqueda de la paz en un país afectado por décadas de conflicto armado. Si bien ha logrado avances importantes, también ha enfrentado obstáculos en su implementación, resaltando la complejidad y los desafíos involucrados en la construcción de la paz en una nación que busca dejar atrás un legado de violencia y división.

28

"Lionel Messi: El Legado de un Genio del Fútbol y su Impacto Global"

Lionel Messi, nacido el 24 de junio de 1987 en Rosario, Argentina, es reconocido como uno de los futbolistas más talentosos en la historia del deporte rey. Su carrera excepcional ha estado marcada por una impresionante lista de logros, títulos y récords individuales y colectivos que lo han consagrado como una leyenda viva del fútbol.

Desde sus inicios en las categorías juveniles del FC Barcelona, Messi ha demostrado su destreza única con el balón. Debutó en el primer equipo en 2004 y desde entonces ha batido numerosos récords, convirtiéndose en el máximo goleador histórico del club. Su habilidad técnica, velocidad, visión de juego y capacidad goleadora lo han llevado a ser considerado uno de los mejores jugadores de todos los tiempos.

Durante su etapa en el Barcelona, Messi acumuló una impresionante cantidad de títulos, incluyendo múltiples campeonatos de La Liga, Copas del Rey y Ligas de Campeones de la UEFA. Además, ha ganado múltiples Balones de Oro, premio que reconoce al mejor jugador del mundo, estableciendo un récord de siete galardones.

Su exitosa carrera en el Barcelona se vio acompañada de una destacada participación en la selección argentina. Sin embargo, la Copa del Mundo ha sido un trofeo que se le ha resistido a Messi a nivel internacional, habiendo llegado a varias finales, incluida la de 2014 en Brasil, donde Argentina perdió ante Alemania. Finalmente, en el mundial de Qatar, en 2022, Messi alcanzó el triunfó que le consagró definitivamente, ganando a Francia en la final.

La trascendencia de Messi va más allá de sus logros individuales y títulos colectivos. Su estilo de juego único y su habilidad para desequilibrar en situaciones complicadas lo han convertido en un ícono global del fútbol. Ha inspirado a generaciones enteras de fanáticos y futbolistas jóvenes, quienes buscan emular su talento y dedicación.

En agosto de 2021, después de 20 años en el FC Barcelona, Messi dejó el club debido a problemas financieros y fichó por el Paris Saint-Germain (PSG). Su llegada al equipo francés generó una gran expectación y reafirmó su estatus como una figura mundial del fútbol.

El impacto de Messi en el fútbol trasciende las fronteras del deporte. Su carisma, humildad y habilidades excepcionales lo han convertido en un ídolo y embajador del juego limpio y la excelencia deportiva. Su influencia va más allá de los terrenos de juego, siendo una figura admirada y respetada en todo el mundo.

El legado de Messi es innegable. Ha batido récords de goles y asistencias, ha sido un líder dentro y fuera del campo, y su dedicación al deporte lo ha convertido en un referente para las futuras generaciones de futbolistas. Su talento ha sido fuente de inspiración para muchos, y su contribución al fútbol es incuestionable.

En conclusión, Lionel Messi es mucho más que un futbolista extraordinario; es un ícono global cuyo impacto va más allá del deporte. Su carrera y legado han dejado una huella imborrable en la historia del fútbol, y su habilidad única seguirá siendo recordada y admirada por muchos durante muchos años. Su traspaso al Paris Saint-Germain marca un nuevo capítulo en su carrera, manteniendo vivo el legado de un jugador que ha cambiado para siempre la forma en que vemos y entendemos el fútbol.

Actualmente sigue jugando con la selección argentina y con su nuevo club, el Inter Miami, de la MLS estadounidense.

29

"El iPhone de Apple: Revolucionando la Tecnología y Transformando el Mundo Moderno"

El 29 de junio de 2007 marcó un hito histórico en la industria de la telefonía móvil con el lanzamiento del primer iPhone de Apple. Steve Jobs, el icónico cofundador y CEO de Apple en ese momento, presentó el dispositivo que combinaba teléfono, reproductor de música y navegador web en una única y revolucionaria pieza de tecnología.

El iPhone no solo fue un producto innovador en términos de funcionalidad, sino que también introdujo un diseño elegante y una interfaz de usuario intuitiva que cambió la forma en que las personas interactúan con sus dispositivos móviles. Su pantalla táctil y su sistema operativo fácil de usar marcaron un antes y un después en la industria.

El lanzamiento del iPhone fue recibido con una gran expectación y entusiasmo por parte del público. Las colas fuera de las tiendas de Apple antes del lanzamiento del dispositivo demostraron el enorme interés generado por este nuevo producto. La combinación de teléfono, reproductor de música y acceso a internet en un solo dispositivo cautivó la imaginación de los consumidores.

La importancia del iPhone en el ámbito tecnológico y cultural ha sido inmensa. No solo introdujo una nueva era de teléfonos inteligentes, sino que también influyó en la forma en que vivimos y nos conectamos en el mundo moderno. La creación del App Store en 2008 permitió a los desarrolladores de software crear aplicaciones para el iPhone, desencadenando una revolución en el ecosistema de aplicaciones móviles.

El iPhone se convirtió en un ícono de estatus y un símbolo de innovación y diseño en la industria tecnológica. Las actualizaciones periódicas de modelos posteriores, cada vez más avanzados y con nuevas funcionalidades, mantuvieron el interés del público y solidificaron la posición de Apple como líder en el mercado de teléfonos inteligentes.

A nivel mundial, el iPhone cambió la forma en que las personas se comunican, consumen información, trabajan y se entretienen. La conectividad constante y la accesibilidad a través de aplicaciones móviles transformaron sectores enteros, desde el comercio y la educación hasta la salud y el entretenimiento.

La cámara de alta calidad integrada en los iPhones redefinió la fotografía móvil y la forma en que compartimos momentos importantes en nuestras vidas. Las redes sociales, las videollamadas, la música en streaming y la navegación web móvil se convirtieron en actividades cotidianas gracias a la comodidad y versatilidad que ofrecía este dispositivo.

En resumen, el lanzamiento del primer iPhone de Apple en 2007 marcó un cambio de paradigma en la industria tecnológica y la forma en que interactuamos con la tecnología. Su impacto ha sido profundo y duradero, transformando la vida cotidiana y definiendo una era de conectividad, accesibilidad y funcionalidad que continúa influenciando y moldeando el mundo moderno.

30

"El Dream Team de Barcelona '92: La Leyenda Dorada del Baloncesto"

El Dream Team de los Juegos Olímpicos de Barcelona en 1992 ha sido ampliamente considerado como uno de los equipos más dominantes y talentosos en la historia del baloncesto. Este equipo, formado por jugadores de la NBA de Estados Unidos, se destacó no solo por su destreza en la cancha, sino también por la impresionante colección de estrellas que lo conformaban.

El equipo estaba compuesto por algunos de los mejores jugadores de baloncesto de todos los tiempos, incluyendo a figuras legendarias como Michael Jordan, Magic Johnson, Larry Bird, Charles Barkley, Karl Malone, Scottie Pippen, David Robinson, Patrick Ewing, entre otros. Este conjunto de estrellas representaba una combinación perfecta de habilidades individuales, experiencia y liderazgo.

Lo que hizo al Dream Team único y sin precedentes fue su impacto en los Juegos Olímpicos de 1992. Fue la primera vez en la historia que se permitió a jugadores profesionales de la NBA participar en los Juegos Olímpicos, lo que cambió radicalmente la dinámica del baloncesto olímpico y llevó el nivel de competencia a nuevas alturas.

El Dream Team arrasó en el torneo olímpico, ganando todos sus partidos de manera dominante y exhibiendo un estilo de juego extraordinario que fusionaba habilidades individuales con un juego de equipo impecable. Ellos no solo ganaron el oro olímpico, sino que cautivaron al mundo con su espectacularidad, convirtiendo cada partido en un evento y dejando una marca indeleble en la historia del baloncesto.

El equipo no solo era una colección de superestrellas, sino que también estaba dirigido por el legendario entrenador Chuck Daly, quien supo manejar y sacar el máximo provecho de la abundancia de talento que tenía a su disposición. Daly logró cohesionar a un grupo de jugadores estrella y formar un equipo formidable que jugaba de manera armoniosa y efectiva en la cancha.

El Dream Team fue más que un conjunto de talento individual. Su impacto trascendió las fronteras del baloncesto, elevando el perfil del deporte a nivel mundial. La presencia de jugadores de renombre como Michael Jordan, considerado uno de los mejores de todos los tiempos, ayudó a popularizar el baloncesto internacionalmente y a convertirlo en un fenómeno global.

Además, su estilo de juego rápido, atlético y espectacular influenció el baloncesto en todo el mundo, inspirando a una generación de jóvenes jugadores y cambiando la forma en que se jugaba el deporte a nivel internacional. El Dream Team se convirtió en un símbolo de excelencia deportiva y un modelo a seguir para futuras generaciones de baloncestistas.

En resumen, el Dream Team de Barcelona '92 sigue siendo un ícono y un punto de referencia en la historia del baloncesto. Su dominio en los Juegos Olímpicos, su impacto en la popularización del deporte a nivel mundial y su legado duradero como el equipo más talentoso y carismático en la historia del baloncesto lo convierten en una leyenda dorada que continúa inspirando y cautivando a los fanáticos del baloncesto en todo el mundo.

31

"La Presidencia de Donald Trump: Un Mandato Controvertido y Polémico en la Historia de Estados Unidos"

La victoria de Donald Trump en las elecciones presidenciales de Estados Unidos en 2016 fue un fenómeno político que sorprendió a muchos. Su éxito se basó en una campaña populista que resonó particularmente entre la base republicana y aquellos descontentos con el statu quo político en el país. Trump atrajo a votantes que se sentían desatendidos por las élites políticas y prometió un cambio radical en Washington.

El apoyo a Trump provino principalmente de áreas rurales y estados industriales del Medio Oeste, donde su discurso antiestablishment y su enfoque en la economía, inmigración y seguridad nacional encontraron eco entre los votantes desilusionados con el sistema político tradicional.

Durante su mandato, surgieron debates sobre la salud mental de Trump, con especulaciones y evaluaciones de expertos externos sobre su personalidad, comportamiento y posibles trastornos mentales. A pesar de las controversias y las preocupaciones planteadas por algunos profesionales de la salud mental, no hubo un diagnóstico oficial de ningún trastorno.

Entre las medidas impopulares que tomó Trump durante su presidencia se incluyen políticas migratorias restrictivas, incluyendo la implementación de la política de "tolerancia cero" que resultó en la separación de familias en la frontera entre Estados Unidos y México. Además, sus esfuerzos por derogar el Obamacare (Ley de Cuidado de Salud Asequible) y su retórica polarizante en temas raciales y sociales generaron críticas y divisiones en la sociedad estadounidense.

Uno de los aspectos más notorios de la presidencia de Trump fue su negación de los resultados de las elecciones de 2020 y su rechazo a aceptar su derrota frente a Joe Biden. Trump promovió teorías infundadas de fraude electoral y continuó cuestionando la legitimidad de las elecciones, lo que desencadenó disturbios y la invasión del Capitolio de Estados Unidos el 6 de enero de 2021.

En el ámbito republicano, la presidencia de Trump tuvo una relevancia significativa, ya que polarizó al partido y atrajo una base de seguidores leales, consolidando su influencia en el Partido Republicano. A pesar de las críticas y divisiones internas, Trump mantuvo un fuerte apoyo entre muchos votantes republicanos y su estilo disruptivo sigue teniendo influencia en la dirección futura del partido.

En cuanto a las políticas interiores, Trump se centró en reducir impuestos, promover la desregulación y aumentar el gasto en defensa. En el ámbito exterior, su enfoque se caracterizó por un nacionalismo agresivo, la retirada de acuerdos internacionales como el Acuerdo de París sobre el Cambio Climático y tensiones con aliados históricos de Estados Unidos.

Trump fue criticado por su manejo de la pandemia de COVID-19, su retórica divisiva, sus políticas migratorias, sus ataques a instituciones democráticas y su comportamiento impredecible que generó incertidumbre y controversia tanto a nivel nacional como internacional.

En resumen, la presidencia de Donald Trump fue un período de polarización, controversia y desafíos para Estados Unidos. Su estilo disruptivo y su enfoque político generaron divisiones profundas en la sociedad y en el sistema político del país, dejando un legado polémico que seguirá siendo objeto de debate y análisis en la historia política de Estados Unidos.

32

"El Legado Papal: Juan Pablo II, Benedicto XVI y Francisco en la Historia de la Iglesia Católica"

Juan Pablo II fue elegido Papa el 16 de octubre de 1978 y su pontificado se extendió hasta su fallecimiento el 2 de abril de 2005, dejando una marca indeleble en la Iglesia Católica y en el mundo. Se le recuerda por su carisma, su enérgico liderazgo y sus viajes apostólicos a lo largo y ancho del mundo, estableciendo un récord como el Papa que más kilómetros recorrió.

Durante su papado, Juan Pablo II fue un firme defensor de la vida, la familia y la dignidad humana. Su papel en la caída del comunismo en Europa Oriental, especialmente en su natal Polonia, fue fundamental. Además, buscó promover el diálogo interreligioso, convocando a líderes de diferentes credos para trabajar en pro de la paz y la tolerancia religiosa.

Benedicto XVI, cuyo nombre secular es Joseph Ratzinger, se convirtió en Papa el 19 de abril de 2005, sucediendo a Juan Pablo II. Su papado se caracterizó por su énfasis en la ortodoxia doctrinal y la defensa de la fe católica tradicional. Renunció al papado el 28 de febrero de 2013, siendo el primer Papa en hacerlo en casi seis siglos.

Durante su tiempo como Papa, Benedicto XVI se enfrentó a la crisis de abuso sexual en la Iglesia Católica, abordándola con medidas más rigurosas y exigiendo responsabilidad y transparencia. También promovió el diálogo interreligioso y defendió la importancia de la razón y la fe en la sociedad contemporánea.

Francisco, anteriormente conocido como Jorge Mario Bergoglio, fue elegido Papa el 13 de marzo de 2013, convirtiéndose en el primer Papa latinoamericano y el primero en tomar el nombre de Francisco en honor a San Francisco de Asís. Su papado ha sido notable por su estilo pastoral, su enfoque en la misericordia y la inclusión, y su compromiso con los más vulnerables.

El Papa Francisco ha abogado por una Iglesia más compasiva, cercana a los pobres y comprometida con la justicia social. Ha instado a la Iglesia a ser menos autoreferencial y más enfocada en servir a los necesitados, así como en abordar problemas globales como el cambio climático y la desigualdad.

Cada uno de estos Papas ha dejado una huella única y significativa en la Iglesia Católica y en el mundo:

- Juan Pablo II es recordado por su influencia global, su defensa de los valores tradicionales de la Iglesia y su impacto en la caída del comunismo en Europa del Este.

- Benedicto XVI se destaca por su intelectualidad, su enfoque en la ortodoxia doctrinal y su manejo de la crisis de abuso sexual, así como por su inusual renuncia al papado.

- Francisco ha sido reconocido por su estilo pastoral, su énfasis en la misericordia y su compromiso con la justicia social y los marginados, generando una mayor cercanía entre la Iglesia y los fieles.

En resumen, cada uno de estos Papas ha dejado una marca distintiva en la Iglesia Católica y en la historia mundial, con contribuciones únicas que han impactado a millones de personas en todo el mundo. Su legado perdura en las enseñanzas, reformas y acciones que marcaron sus pontificados y continúa influyendo en la fe y la sociedad en el siglo XXI.

33

"Verano Azul: La Serie que Marcó una Generación y Dejó Huella en la Televisión Española"

"Verano Azul" es una serie de televisión española que se emitió originalmente entre el 11 de octubre de 1981 y el 14 de enero de 1982 en la cadena TVE. Esta producción, dirigida por Antonio Mercero, se convirtió en un icono cultural y dejó una huella indeleble en la memoria de toda una generación en España.

La serie contó con un elenco de jóvenes actores y actrices que cautivaron al público con sus interpretaciones. Entre los protagonistas se encontraban Antonio Ferrandis como "Chanquete", el pescador, y los jóvenes Piraña (Miguel Joven), Javi (Jorge Sanz), Tito (Pablo Valero), Bea (Cristina Torres), Desi (María Garralón), Pancho (Gerardo Garrido) y Julia (Pilar Torres). La frescura y autenticidad de este elenco juvenil conquistó los corazones de los espectadores.

El escenario principal de "Verano Azul" fue el pueblo ficticio de Nerja, en la provincia de Málaga. La serie se rodó mayormente en esta localidad costera andaluza, utilizando sus hermosos paisajes, playas y calles como telón de fondo para las aventuras y vivencias de los jóvenes protagonistas.

La importancia de "Verano Azul" radica en su capacidad para capturar la esencia de la juventud y la camaradería, abordando temas universales como la amistad, la adolescencia, la aventura y la exploración. La serie se centraba en un grupo de amigos que pasaban el verano juntos, descubriendo la vida, enfrentando retos y aprendiendo lecciones valiosas a lo largo de sus experiencias.

Los temas tratados en la serie iban más allá de las travesuras y juegos típicos de la niñez y la juventud. "Verano Azul" abordaba también aspectos más profundos como la pérdida, la superación, la solidaridad y la importancia de la naturaleza y el respeto por el medio ambiente. La figura de "Chanquete", interpretado por Antonio Ferrandis, fue un símbolo de sabiduría y sensatez que dejó una marca indeleble en la audiencia.

La serie tuvo un impacto profundo en la sociedad española de la época y sigue siendo recordada con cariño y nostalgia por aquellos que la vivieron en su infancia o adolescencia. "Verano Azul" no solo entretenía a los espectadores con sus tramas y personajes, sino que también transmitía valores y lecciones de vida que dejaron una huella duradera en quienes la siguieron.

El impacto de "Verano Azul" trascendió su emisión original, convirtiéndose en un fenómeno cultural y generacional. La serie ha perdurado a lo largo de los años y ha sido transmitida repetidamente en televisión, alcanzando a nuevas generaciones y manteniendo su relevancia en la cultura popular española.

El legado de "Verano Azul" ha inspirado a numerosos programas y series posteriores que han intentado capturar la esencia de la infancia y la adolescencia, pero pocas han logrado el impacto y la conexión emocional que esta serie tuvo con su audiencia. Su capacidad para transportar a los espectadores a un tiempo de inocencia, amistad y descubrimientos sigue siendo parte integral de su atractivo y su perdurable legado en la televisión española.

34

"23-F: El Golpe de Estado en España y la Defensa de la Democracia por Juan Carlos I y el Pueblo"

El 23 de febrero de 1981, España se vio sacudida por un intento de golpe de estado que puso en peligro la joven democracia del país, apenas seis años después de la muerte del dictador Francisco Franco. El Teniente Coronel Antonio Tejero lideró un grupo de guardias civiles armados que irrumpieron en el Congreso de los Diputados en Madrid, interrumpiendo violentamente una votación para la elección del presidente del gobierno.

El intento de golpe de estado del 23-F fue un momento crítico en la historia de España, que se enfrentaba a la incertidumbre y al temor de un posible regreso a la dictadura. Los guardias civiles bajo el mando de Tejero irrumpieron en el hemiciclo del Congreso, apuntando con sus armas y tomando como rehenes a los diputados presentes, mientras Tejero proclamaba la instauración de un régimen militar.

En un acto de valentía y compromiso con la democracia, el rey Juan Carlos I, en un mensaje televisado, rechazó categóricamente el golpe de estado, instando a los militares a volver a sus cuarteles y respetar el sistema democrático. Su intervención fue crucial para evitar el golpe, ya que su postura fue respaldada por la mayoría de las fuerzas armadas.

La intervención decisiva de Juan Carlos I fue fundamental para preservar la democracia en España. Su mensaje claro y contundente de defensa de la Constitución y la democracia contribuyó a disuadir a los golpistas y evitar un posible retroceso a una dictadura militar.

Entre los militares implicados en el golpe estaban el propio Tejero y un grupo de oficiales, aunque el intento de golpe fue desarticulado en cuestión de horas gracias al rechazo unánime de la mayoría de las fuerzas armadas, la movilización de las instituciones democráticas y la respuesta del pueblo español.

El pueblo español, alertado por la situación de emergencia, salió a las calles en manifestaciones masivas en defensa de la democracia y en apoyo al rey Juan Carlos I. La ciudadanía, en un acto de unidad y determinación, demostró su firme rechazo al golpe y su apoyo al sistema democrático recién establecido.

Las repercusiones del 23-F en la sociedad española fueron profundas. A pesar de ser un intento fallido, este evento marcó un hito en la consolidación de la democracia en España, fortaleciendo la confianza en las instituciones democráticas y en el papel del rey como símbolo de unidad y estabilidad.

El fracaso del golpe supuso un impulso para la consolidación de la democracia en España, reafirmando el compromiso del país con los valores democráticos y el Estado de Derecho. Este episodio también llevó a una revisión y reafirmación de la Constitución española, reforzando las garantías para evitar futuros intentos antidemocráticos.

En conclusión, el 23-F representó un momento crítico en la historia reciente de España, donde la valentía del rey

Juan Carlos I y la respuesta firme del pueblo español defendieron y preservaron la democracia. El intento de golpe fortaleció la determinación de España por mantener su sistema democrático y sentó las bases para una mayor estabilidad política en el país.

35

"La Caída del Muro de Berlín: Un Hitórico Momento de Reunificación y Transformación en Europa"

El 9 de noviembre de 1989, el mundo presenció un acontecimiento histórico: la caída del Muro de Berlín, que durante décadas dividió Alemania y simbolizó la separación entre el Este y el Oeste de Europa. Esta fecha marcó un hito en la historia contemporánea, uniendo a un continente dividido y desencadenando una serie de transformaciones políticas y sociales significativas.

La caída del Muro de Berlín fue el resultado de un conjunto de presiones políticas, sociales y económicas que habían estado gestándose durante años en Europa del Este. Las protestas masivas, los movimientos de oposición y la insatisfacción con el régimen comunista en la República Democrática Alemana (RDA) contribuyeron a un clima de cambio y apertura.

El liderazgo del entonces canciller de la República Federal de Alemania, Helmut Kohl, fue fundamental en la reunificación de Alemania. Kohl trabajó incansablemente para aprovechar la oportunidad histórica creada por la caída del Muro y promover la reunificación pacífica del país, además de impulsar reformas económicas y políticas para integrar a la RDA en la economía de mercado y en el sistema político occidental.

La caída del Muro de Berlín tuvo repercusiones inmediatas en Europa y en el mundo entero. Marcó el fin de la Guerra Fría y el colapso del bloque comunista en

Europa del Este, allanando el camino para la disolución de la Unión Soviética y el fin de su influencia en la región. Además, simbolizó el triunfo de los valores democráticos y la libertad sobre la opresión y el totalitarismo.

Los actores importantes en este evento histórico incluyeron a figuras clave como el líder soviético Mijaíl Gorbachov, cuya política de apertura (glasnost) y reforma (perestroika) desempeñó un papel crucial al permitir cambios políticos y sociales en Europa del Este. Asimismo, la resistencia y el activismo de los ciudadanos en la RDA fueron fundamentales para presionar por la apertura del Muro y el proceso de reunificación.

Las consecuencias de la caída del Muro de Berlín fueron profundas y duraderas. La reunificación de Alemania en 1990 no solo unió al país físicamente, sino que también significó una integración política, económica y social que llevó tiempo y esfuerzo. El proceso de transformación de la RDA hacia una economía de mercado y una democracia occidental fue complejo y presentó desafíos significativos.

En Europa, el evento tuvo un impacto enorme en la configuración política del continente. La caída del Muro allanó el camino para la expansión de la Unión Europea hacia el este, incorporando a varios países del bloque del Este y contribuyendo a la estabilidad y la cooperación en la región.

En resumen, la caída del Muro de Berlín fue un hito histórico que marcó el inicio de una nueva era en Europa y en el mundo. Su impacto en la política, la economía y la sociedad continúa resonando hasta el día de hoy, representando un símbolo de libertad, unidad y esperanza para las generaciones presentes y futuras.

36

"Maradona en el Mundial de 1986: Magia, Controversia y Legado en la Historia del Fútbol"

El Mundial de Fútbol de 1986 celebrado en México vio a Diego Maradona alcanzar la cima de su carrera, convirtiéndose en una figura icónica y dejando un legado imborrable en la historia del deporte rey. Uno de los momentos más destacados fue el partido contra Inglaterra en los cuartos de final, donde Maradona protagonizó dos de los goles más famosos de la historia del fútbol.

En aquel histórico encuentro contra Inglaterra, Maradona anotó dos goles memorables que pasarían a la historia. El primero, conocido como el "Gol del Siglo", fue una obra maestra de la habilidad y la destreza. Maradona tomó el balón en su propio campo y, con una combinación de velocidad, regates y eludir a varios jugadores ingleses, se abrió paso hasta el área contraria, burlando a los defensas y al portero para marcar un gol inolvidable que dejó atónitos a los espectadores.

El segundo gol, llamado la "Mano de Dios", fue controvertido y sigue siendo objeto de debate. En este caso, Maradona usó su mano izquierda para desviar el balón hacia la portería, pasando inadvertido para el árbitro, quien validó el gol. Maradona, tras el partido, afirmó que fue un gol marcado "un poco con la cabeza de Maradona y otro poco con la mano de Dios".

El Mundial de 1986 culminó con la selección argentina, liderada por Maradona, conquistando el campeonato, logrando así su segundo título mundial. Maradona fue el corazón y el alma de este equipo, mostrando una habilidad excepcional, visión de juego y liderazgo que lo convirtieron en el jugador más destacado del torneo.

La repercusión mundial de Maradona tras el Mundial de 1986 fue monumental. Su actuación en ese torneo lo elevó a un estatus legendario en el mundo del fútbol. Se convirtió en un ícono, no solo en Argentina, sino en todo el mundo, siendo aclamado como uno de los mejores jugadores de la historia del fútbol.

El legado de Maradona trascendió sus habilidades futbolísticas. Representaba la pasión, la garra, pero también la controversia y los altibajos de una vida tumultuosa. Su estilo de juego único, su capacidad para driblar a rivales con habilidades extraordinarias y su pasión por la camiseta argentina lo convirtieron en un ídolo para millones de aficionados al fútbol en todo el mundo.

Tristemente, Diego Maradona falleció el 25 de noviembre de 2020 a los 60 años de edad, dejando consternación en el mundo del deporte. Su muerte fue atribuida a un paro cardiorrespiratorio, aunque su salud había sido frágil debido a problemas médicos y de adicciones.

La importancia mundial de Maradona persiste incluso después de su fallecimiento. Fue y seguirá siendo una leyenda del fútbol, recordado por su genialidad en la cancha, sus logros y su impacto duradero en el deporte. Su legado es una inspiración para futuras generaciones de futbolistas y su figura seguirá siendo venerada en el panteón de los grandes ídolos del fútbol.

37

"El Dominio de Michael Phelps en los Juegos Olímpicos de Beijing 2008: Leyenda en la Piscina"

Los Juegos Olímpicos de Beijing 2008 fueron testigos de una hazaña épica en el mundo de la natación: el increíble rendimiento de Michael Phelps, quien dejó una huella imborrable en la historia olímpica al alcanzar un récord asombroso.

Phelps, conocido como "El Tiburón de Baltimore", llegó a los Juegos Olímpicos de Beijing 2008 con el objetivo de superar el récord de medallas de oro ganadas en una sola edición de los Juegos. Y no solo lo logró, sino que superó todas las expectativas, alcanzando un récord que parecía inalcanzable.

El punto culminante de su actuación fue su participación en ocho eventos de natación individuales. Consiguió la medalla de oro en todos ellos, estableciendo un nuevo récord para la mayoría de las medallas de oro en una sola edición olímpica. Entre sus victorias se encontraban pruebas como los 100 y 200 metros mariposa, los 200 y 400 metros estilos individuales, así como relevos de estilo libre y estilos mixtos.

Su triunfo más emocionante y emblemático fue la final de los 100 metros mariposa, donde superó por centésimas de segundo al serbio Milorad Cavic, en una carrera que quedó marcada como una de las más emocionantes y disputadas en la historia olímpica. La diferencia entre la victoria y la derrota fue mínima, pero

Phelps tocó la pared primero, asegurando su séptima medalla de oro.

Además de sus ocho medallas de oro, Phelps también sumó una medalla de bronce, colocándose como el atleta más condecorado en unos Juegos Olímpicos, superando la hazaña del nadador Mark Spitz en 1972.

El legado de Michael Phelps en los Juegos Olímpicos de Beijing 2008 no solo radica en sus logros récord, sino también en la inspiración que brindó a millones de personas en todo el mundo. Su dedicación, disciplina y habilidad excepcional sirvieron de motivación para deportistas y aficionados al deporte, demostrando que con esfuerzo y dedicación, los límites pueden superarse.

Además, su destacada actuación en los Juegos Olímpicos ayudó a popularizar aún más la natación como deporte y lo convirtió en un ícono global, admirado no solo por su talento en el agua, sino también por su ética de trabajo y su capacidad para superar obstáculos.

El legado de Michael Phelps continuó en los Juegos Olímpicos posteriores, donde agregó más medallas a su impresionante colección y consolidó su lugar como uno de los atletas más influyentes y exitosos en la historia de los Juegos Olímpicos y del deporte en general.

En resumen, el dominio de Michael Phelps en los Juegos Olímpicos de Beijing 2008 quedará grabado como un hito extraordinario en la historia del deporte. Su legado como el nadador más exitoso y condecorado en la historia olímpica sigue siendo una inspiración para futuras generaciones de atletas, mostrando que con determinación, dedicación y habilidad, los sueños más grandes pueden hacerse realidad.

38

"La Revolución de las Redes Sociales: Transformando la Sociedad Digital"

Las redes sociales han experimentado una evolución vertiginosa desde la llegada de Facebook en 2004, revolucionando la forma en que nos comunicamos, interactuamos y consumimos información. Plataformas como Facebook, Instagram, Twitter y TikTok han dejado una huella indeleble en la sociedad contemporánea, especialmente entre los jóvenes, moldeando su forma de relacionarse y percibir el mundo.

Facebook, la red social pionera de Mark Zuckerberg, estableció las bases para la conectividad social en línea. Originalmente orientada a la interacción entre estudiantes universitarios, pronto se expandió a todos los públicos. Facebook se convirtió en una herramienta vital para compartir momentos, opiniones, noticias y mantener conexiones personales a nivel global.

Instagram, adquirido por Facebook en 2012, revolucionó la forma en que las personas comparten fotos y vídeos, permitiendo a los usuarios expresarse creativamente a través de imágenes visualmente atractivas. La plataforma se convirtió en un escaparate digital, influenciando la cultura de la imagen y la forma en que se percibe la realidad y la belleza.

Twitter introdujo el concepto de microblogging, limitando las publicaciones a 280 caracteres, lo que fomentó la comunicación rápida y concisa. Se convirtió en un espacio vital para el intercambio de ideas, noticias y opiniones en tiempo real, además de ser una herramienta importante para el activismo y el debate público.

TikTok, el fenómeno más reciente, ha revolucionado la forma en que se crea y consume contenido multimedia. La plataforma se centra en vídeos cortos, fomentando la creatividad y la expresión individual a través de desafíos, bailes, comedia y diversos formatos de entretenimiento. Ha capturado la atención de los jóvenes y ha influenciado las tendencias culturales de manera significativa.

Estas plataformas han transformado la sociedad, especialmente para los jóvenes, brindando oportunidades de conexión, expresión y entretenimiento sin precedentes. Sin embargo, también han dado lugar a preocupaciones sobre el bienestar mental, el ciberacoso, la privacidad y la adicción a las pantallas.

Las redes sociales han democratizado la difusión de información y han permitido a los usuarios tener voz en temas que les preocupan. Han sido vitales para la organización de movimientos sociales, la conciencia sobre problemas globales y el empoderamiento de minorías.

Por otro lado, se ha observado un impacto en la salud mental de los jóvenes, con un aumento en la ansiedad, la comparación social y la adicción a las redes sociales. La sobreexposición a imágenes idealizadas y la presión por obtener validación en línea han generado preocupaciones sobre la autoestima y la percepción de la realidad.

En conclusión, las redes sociales han alterado profundamente la forma en que nos comunicamos y percibimos el mundo. Han brindado beneficios significativos en la conectividad y el intercambio de ideas, pero también plantean desafíos en cuanto a su impacto en la salud mental y la privacidad. Su importancia seguirá creciendo, y su evolución continuará moldeando la sociedad y la forma en que nos relacionamos en el futuro.

39

"La Guerra e Invasión de Ucrania por Rusia: Conflictos, Consecuencias y Costos Humanos"

La guerra e invasión de Ucrania por Rusia se desató el 20 de febrero de 2014, cuando las tensiones geopolíticas entre ambos países llegaron a un punto crítico, desencadenando un conflicto que ha dejado profundas heridas y consecuencias devastadoras en Ucrania y en la región.

El conflicto ha cobrado un alto precio en términos humanos, con miles de personas muertas y heridas desde su inicio. Se estima que más de 13,000 personas han perdido la vida, y miles más han resultado heridas o desplazadas debido a la violencia, según datos de Naciones Unidas. La guerra ha dejado un doloroso rastro de destrucción, afectando a civiles inocentes y comunidades enteras.

Los motivos detrás de la invasión rusa a Ucrania son complejos y multifacéticos. Una de las razones principales fue la anexión de Crimea por parte de Rusia en marzo de 2014, tras un controvertido referéndum. Este acto desencadenó tensiones y enfrentamientos en las regiones orientales de Ucrania, donde grupos separatistas pro-rusos buscaron la independencia o una mayor autonomía, lo que condujo a un conflicto armado.

Las consecuencias de esta guerra son profundas y extensas. A nivel humano, miles de familias han sido desplazadas, muchas han perdido a sus seres queridos y comunidades enteras han quedado devastadas por la violencia. Además, el conflicto ha generado una crisis humanitaria con importantes repercusiones en la salud, la educación y el bienestar de la población civil.

En términos económicos, la guerra ha tenido un impacto desastroso en la economía de Ucrania. Se ha producido una contracción económica significativa, con la destrucción de infraestructuras, la pérdida de empleos y el deterioro del tejido social y productivo del país. La inestabilidad provocada por el conflicto ha obstaculizado el desarrollo económico y ha generado incertidumbre en la región.

A nivel geopolítico, el conflicto ha generado tensiones entre Rusia y las potencias occidentales, provocando sanciones económicas contra Rusia por parte de Estados Unidos y la Unión Europea. Este enfrentamiento ha afectado las relaciones internacionales y ha contribuido a una mayor polarización en la región, con consecuencias impredecibles para la estabilidad política en Europa Oriental.

La búsqueda de una solución pacífica y duradera sigue siendo un desafío para las partes involucradas y la comunidad internacional. Los intentos de establecer acuerdos de paz han sido complicados y han enfrentado obstáculos, lo que ha dificultado la resolución del conflicto y la restauración de la estabilidad en la región.

En resumen, la guerra e invasión de Ucrania por Rusia ha dejado un legado de sufrimiento humano, devastación económica y tensiones geopolíticas. Las consecuencias de este conflicto continúan afectando a la población civil, a la economía y a la estabilidad regional. La urgente necesidad de una solución diplomática y negociada sigue siendo crucial para lograr la paz y la recuperación en Ucrania y en la región en su conjunto.

40

"Legado y Grandeza de Carl Lewis: El Campeón de la Velocidad y el Salto"

Carl Lewis, conocido como uno de los atletas más legendarios en la historia del atletismo, dejó una huella imborrable en el mundo del deporte por sus logros inigualables en múltiples disciplinas. Nacido el 1 de julio de 1961 en Birmingham, Alabama, Lewis no solo se convirtió en un ícono del atletismo, sino que su influencia trascendió las pistas de carrera y los campos de salto.

Su ascenso meteórico comenzó en los Juegos Olímpicos de Los Ángeles 1984, donde alcanzó la fama mundial al igualar el récord de Jesse Owens al ganar cuatro medallas de oro en las mismas pruebas que el legendario atleta de los años 30: los 100 metros, los 200 metros, el salto de longitud y el relevo 4x100 metros. Esta hazaña singular consolidó su estatus como una leyenda viva del atletismo.

A lo largo de su carrera, Lewis ganó un total de 9 medallas de oro olímpicas, además de 8 campeonatos mundiales en diferentes disciplinas, lo que lo convirtió en uno de los atletas más exitosos en la historia de los campeonatos mundiales de atletismo. Su destreza atlética trascendió las fronteras de la velocidad, ya que ostentó el récord mundial en el salto de longitud durante más de una década con una marca de 8.79 metros.

Además de sus logros en las competiciones de élite, Carl Lewis impactó profundamente en la percepción del atletismo en todo el mundo. Su presencia en las pistas y su carisma trascendieron el ámbito deportivo convencional, convirtiéndose en un símbolo de inspiración y superación para generaciones posteriores de atletas.

Su enfoque dedicado, su ética de trabajo incansable y su habilidad para triunfar en múltiples disciplinas dentro del atletismo, han dejado un legado duradero. Lewis no solo fue un maestro en su técnica, sino que también desafiaba los límites del potencial humano, siendo un ejemplo viviente de cómo la determinación y el talento pueden fusionarse para alcanzar la grandeza.

Sin embargo, su legado también está marcado por controversias y críticas. Hubo momentos de desacuerdos con otros atletas, así como preguntas sobre el uso de sustancias prohibidas, aunque Lewis siempre negó rotundamente tales acusaciones y nunca dio positivo en ninguna prueba antidopaje.

Más allá de los debates y controversias, la influencia de Carl Lewis en el atletismo moderno es incuestionable. Su impacto ha trascendido las fronteras del deporte y ha inspirado a innumerables personas a perseguir sus sueños con pasión y determinación.

En resumen, Carl Lewis no solo fue un campeón indiscutible en el atletismo, sino un embajador global del deporte y la excelencia humana. Su legado perdura como un recordatorio perdurable de que la dedicación, la disciplina y la habilidad innata pueden llevar a la consecución de hazañas extraordinarias, y su influencia continúa inspirando a atletas de todo el mundo en su búsqueda de la grandeza.

41

"El Estallido de la Burbuja Puntocom: El Colapso del Auge Tecnológico"

A finales de la década de 1990, el mundo presenció un frenesí de inversión en compañías relacionadas con internet, marcando lo que se conoció como la "burbuja puntocom". Este periodo de euforia y especulación desmedida alcanzó su punto máximo en el año 2000, para luego colapsar drásticamente, dejando una profunda huella en la economía global y los mercados financieros.

La fiebre de las puntocom comenzó a mediados de la década de 1990, cuando internet empezó a ganar popularidad y a cambiar radicalmente la forma en que se hacían negocios. Las empresas relacionadas con la tecnología y la web experimentaron un auge sin precedentes, con una demanda desmedida de acciones en el mercado de valores.

El 10 de marzo de 2000 marcó un hito crucial: el índice Nasdaq Composite alcanzó su máximo histórico, superando los 5.000 puntos. Este hito fue un reflejo del entusiasmo y la exuberancia irracional que rodeaba a las empresas de tecnología en ese momento. Sin embargo, este apogeo fue efímero y dio paso a una rápida y abrupta caída.

La sobrevaloración de las acciones de empresas puntocom, muchas de las cuales no generaban beneficios sólidos o claros planes de viabilidad a largo plazo, llevó a una corrección inevitable. Muchas de estas empresas tenían valoraciones desproporcionadas basadas más en las expectativas futuras que en sus fundamentos reales.

Empresas icónicas de la época, como Pets.com, Webvan, Boo.com, entre otras, atrajeron enormes inversiones, pero finalmente colapsaron debido a una combinación de altos costos operativos, competencia feroz y la falta de un modelo de negocio sostenible.

El estallido de la burbuja puntocom se desencadenó en el segundo trimestre de 2000, cuando las acciones tecnológicas comenzaron a desplomarse. Los inversores, que anteriormente habían apostado ciegamente por estas empresas, empezaron a vender frenéticamente sus acciones, lo que provocó una espiral descendente en el mercado de valores.

El Nasdaq Composite, que había alcanzado su punto máximo en marzo de 2000, sufrió una caída significativa. Para abril de 2000, el índice había perdido más de un tercio de su valor. La desconfianza se extendió rápidamente, y las acciones de las empresas puntocom perdieron valor de manera dramática.

El colapso de la burbuja puntocom tuvo repercusiones en todo el mundo financiero. Muchos inversores sufrieron pérdidas sustanciales, y numerosas empresas de tecnología se vieron obligadas a cerrar o a reestructurarse drásticamente para sobrevivir. El mercado laboral también se vio afectado, ya que muchas empresas redujeron su personal o cerraron por completo.

En resumen, el estallido de la burbuja puntocom fue el resultado de una combinación de especulación irracional, sobrevaloración de empresas tecnológicas y la falta de fundamentos comerciales sólidos en muchas de estas compañías. Este episodio sirvió como una lección crucial sobre los peligros de la exuberancia irracional en los mercados financieros y cómo las burbujas pueden inflarse y, eventualmente, estallar, dejando cicatrices duraderas en la economía global.

42

"El Surgimiento de Wikipedia: Una Enciclopedia Colaborativa para el Mundo"

Wikipedia, la enciclopedia en línea de acceso abierto más grande y colaborativa del mundo, ha revolucionado la forma en que accedemos y compartimos información. Fundada por Jimmy Wales y Larry Sanger, Wikipedia tuvo su inicio el 15 de enero de 2001. Su objetivo principal era crear una enciclopedia digital que estuviera disponible gratuitamente para cualquier persona con acceso a internet.

La esencia de Wikipedia radica en su estructura colaborativa, permitiendo que usuarios de todo el mundo contribuyan y editen sus artículos. Utiliza un modelo wiki, que posibilita la edición y creación de contenidos de manera colectiva y descentralizada. Cualquier persona con acceso a internet puede editar la mayoría de los artículos de Wikipedia, lo que la convierte en una plataforma de conocimiento participativa y en constante evolución.

El funcionamiento de Wikipedia se basa en la premisa fundamental de la colaboración entre sus usuarios. Cada artículo está sujeto a revisiones y ediciones por parte de la comunidad de editores, lo que permite correcciones, actualizaciones y mejoras continuas. Aunque la edición está abierta a todos, existe un sistema de control de calidad en forma de editores voluntarios y normas comunitarias que regulan los cambios realizados para mantener la precisión y la fiabilidad del contenido.

La historia de Wikipedia comenzó con la visión de Jimmy Wales de crear una enciclopedia gratuita y de acceso universal. En asociación con Larry Sanger, desarrollaron el concepto de un sitio web colaborativo que se basara en el principio de la inteligencia colectiva. Así nació Wikipedia, una palabra derivada de la combinación de "wiki" (que significa rápido en hawaiano) y "enciclopedia".

El propósito inicial de Wikipedia era proporcionar información precisa y accesible a cualquier persona con conexión a internet. A diferencia de las enciclopedias tradicionales, Wikipedia no está controlada por un grupo selecto de expertos o editores profesionales. En cambio, confía en la contribución y revisión continua de una amplia comunidad de usuarios.

A lo largo de los años, Wikipedia ha crecido exponencialmente, expandiendo su alcance a diferentes idiomas y cubriendo una amplia gama de temas, desde historia y ciencia hasta cultura popular y tecnología. Actualmente, está disponible en más de 300 idiomas y contiene millones de artículos, convirtiéndola en una fuente integral de información para personas de todo el mundo.

Sin embargo, la naturaleza abierta y colaborativa de Wikipedia ha generado debates sobre su fiabilidad y precisión. A pesar de contar con una comunidad de editores que supervisan los contenidos, la posibilidad de vandalismo, errores o información parcial ha sido objeto de críticas y desafíos.

A pesar de estas críticas, Wikipedia ha demostrado ser una herramienta invaluable para acceder a información diversa y para difundir conocimiento de manera global. Su modelo de colaboración ha inspirado otros proyectos similares y ha sentado las bases para la construcción colectiva del conocimiento en la era digital.

En conclusión, Wikipedia ha desempeñado un papel fundamental en la democratización del acceso al conocimiento al proporcionar una plataforma abierta y colaborativa para la creación y distribución de información. Su impacto en la sociedad moderna es innegable, siendo un ejemplo de cómo la cooperación entre individuos puede llevar a la creación de una fuente de conocimiento colectivo disponible para todos.

43

"El Corralito y la Crisis Político-Económica en Argentina: Desencadenante de Profundos Desafíos"

A fines de 2001, Argentina se sumió en una de las peores crisis económicas de su historia moderna, marcada por el llamado "corralito". Este periodo desencadenó una serie de eventos que causaron estragos en la economía y la estabilidad política del país, dejando secuelas duraderas en la sociedad argentina.

El corralito se inició el 1 de diciembre de 2001, cuando el gobierno argentino, en un intento por frenar la fuga masiva de capitales y preservar la liquidez bancaria, impuso restricciones severas a la retirada de efectivo de los bancos. Estas restricciones limitaron drásticamente la cantidad de dinero que los depositantes podían retirar de sus cuentas bancarias, congelando los ahorros de millones de argentinos y generando una profunda desconfianza en el sistema financiero.

La crisis económica que llevó al corralito se había estado gestando durante años. Factores como altos niveles de deuda externa, una moneda sobrevaluada, políticas fiscales inadecuadas y una recesión prolongada habían debilitado la economía argentina. La situación se agravó aún más cuando el país incumplió con el pago de su deuda soberana en 2001, lo que llevó a una drástica pérdida de confianza de los inversores y a la fuga masiva de capitales del país.

El corralito tuvo consecuencias devastadoras para la población argentina. Muchos ciudadanos se encontraron repentinamente sin acceso a sus ahorros, lo que generó protestas masivas y disturbios en todo el país. La gente se sentía atrapada y desesperada, incapaz de acceder a sus propios fondos para cubrir necesidades básicas como alimentos, medicinas y pagos de servicios.

La crisis económica y política se intensificó con la renuncia del entonces presidente Fernando de la Rúa el 20 de diciembre de 2001, después de fuertes protestas y disturbios sociales que dejaron decenas de personas muertas. Esto desencadenó una sucesión de presidentes interinos en un corto período de tiempo, lo que reflejó la agitación y la inestabilidad política en el país.

Las consecuencias económicas de la crisis fueron igualmente desastrosas. La devaluación del peso argentino y la pérdida de confianza en el sistema financiero llevaron a una recesión profunda y a altos niveles de desempleo. La pobreza y la desigualdad se intensificaron, y muchas empresas cerraron debido a la incapacidad de afrontar los costos operativos y la falta de acceso al crédito.

La crisis del corralito y sus secuelas llevaron a una reestructuración completa de la economía argentina. El país tuvo que negociar una reestructuración de su deuda con los acreedores externos y adoptar políticas económicas y financieras más sólidas para intentar recuperarse de la debacle.

Sin embargo, a pesar de los esfuerzos por estabilizar la economía, las heridas de la crisis del corralito persistieron durante mucho tiempo. La confianza en el sistema bancario se vio seriamente dañada, y los argentinos adoptaron una actitud cautelosa hacia los bancos y las instituciones financieras.

En conclusión, el corralito marcó un punto de inflexión en la historia económica y política de Argentina, desencadenando una crisis de proporciones catastróficas. Las secuelas de esta crisis se hicieron sentir en todos los niveles de la sociedad argentina, dejando cicatrices profundas y desafíos persistentes para la recuperación económica y la estabilidad política del país.

44

"La Desintegración del Transbordador Espacial Columbia: Tragedia en el Espacio"

El 1 de febrero de 2003, la tragedia golpeó al programa espacial de Estados Unidos con la desintegración del transbordador espacial Columbia durante su regreso a la Tierra. La nave, que llevaba a bordo a siete astronautas, experimentó una fatal ruptura estructural que resultó en la pérdida de la vida de todos los tripulantes.

El desastre ocurrió cuando el Columbia se acercaba para reingresar a la atmósfera terrestre luego de completar una misión de 16 días en el espacio. Durante el lanzamiento, un fragmento de espuma aislante del tanque externo se desprendió y golpeó el borde inferior izquierdo de la ala del transbordador, dañando la protección térmica. Este daño crítico pasó desapercibido durante el vuelo, pero tuvo consecuencias catastróficas al reentrar en la atmósfera.

A medida que el Columbia se adentraba en la atmósfera terrestre a altas velocidades, la penetración del calor en el ala dañada desencadenó la desintegración de la nave sobre el estado de Texas. La tragedia marcó el fin de la misión STS-107 y fue un golpe devastador para la NASA y la comunidad espacial en todo el mundo.

Los siete astronautas a bordo del Columbia perdieron la vida en el desastre: Rick D. Husband, William C. McCool, Michael P. Anderson, Ilan Ramon, Kalpana Chawla, David M. Brown y Laurel B. Clark. Cada uno de ellos representaba la excelencia, el coraje y la dedicación a la exploración espacial, dejando un vacío insondable en la comunidad científica y en la historia del programa espacial estadounidense.

Las consecuencias de la desintegración del Columbia fueron profundas y variadas. La tragedia generó una investigación exhaustiva sobre la seguridad de los transbordadores espaciales y las prácticas de la NASA. Se realizaron reformas y cambios significativos en los procedimientos de vuelo y en los protocolos de seguridad para garantizar la integridad de las futuras misiones.

Además de las reformas internas, el programa espacial sufrió un período de reflexión y reevaluación. Las misiones de transbordadores espaciales se suspendieron durante más de dos años mientras se llevaban a cabo investigaciones, rediseños y mejoras en la flota existente.

La desintegración del Columbia también llevó a un análisis más profundo sobre la seguridad y el diseño de las naves espaciales, resaltando la importancia crítica de la inspección minuciosa y la detección temprana de cualquier daño potencial en los sistemas y estructuras de las naves.

El impacto emocional y psicológico de la tragedia fue significativo tanto para la NASA como para el público en general. La pérdida de vidas humanas y el golpe a la confianza en el programa espacial dejaron una impresión duradera en la percepción de la exploración espacial y subrayaron la necesidad de la seguridad como prioridad fundamental en todas las misiones espaciales.

En resumen, la desintegración del transbordador espacial Columbia fue un momento trágico y devastador en la historia de la exploración espacial. La pérdida de vidas, las consecuencias técnicas y la conmoción emocional resultante destacaron la importancia de la seguridad y la vigilancia constante en todas las fases de la exploración espacial, recordándonos la naturaleza desafiante y riesgosa de la búsqueda del conocimiento en el espacio.

45

"Google: La Revolución en la Búsqueda de Información"

En septiembre de 1998, dos estudiantes de doctorado de la Universidad de Stanford, Larry Page y Sergey Brin, fundaron Google Inc., con una visión ambiciosa pero sencilla: organizar la información mundial y hacerla universalmente accesible y útil para todos. Esta empresa emergente pronto revolucionó la forma en que las personas buscaban y accedían a la información en internet.

Google no fue la primera compañía en ofrecer un motor de búsqueda en la web, pero su enfoque innovador y su algoritmo único, conocido como PageRank, cambiaron por completo el juego. El algoritmo PageRank clasificaba las páginas web según su relevancia, basándose en la cantidad y calidad de los enlaces que apuntaban a ellas, lo que permitía ofrecer resultados de búsqueda más precisos y relevantes.

La simplicidad y efectividad de la interfaz de búsqueda de Google atrajo rápidamente a los usuarios, que encontraron en este motor de búsqueda una forma rápida y confiable de encontrar información en línea. La precisión de sus resultados y su capacidad para adaptarse a las consultas de los usuarios hicieron que Google se convirtiera en el líder indiscutible en el mercado de motores de búsqueda.

El impacto de Google en la forma en que las personas buscaban información fue masivo. Se convirtió en sinónimo de búsqueda en línea y su nombre pasó a formar parte del vocabulario común como un verbo: "googlear". La facilidad de uso, la velocidad y la precisión de los resultados transformaron la experiencia de búsqueda en internet para millones de personas en todo el mundo.

Las consecuencias de la revolución de búsqueda de Google se extendieron mucho más allá de su utilidad como un simple motor de búsqueda. La empresa expandió su alcance y diversificó sus servicios, ofreciendo aplicaciones y herramientas como Gmail, Google Maps, Google Docs y YouTube, entre otros. Estas plataformas se convirtieron en pilares fundamentales de la vida en línea y se integraron en la rutina diaria de millones de usuarios en todo el mundo.

El enfoque de Google en la experiencia del usuario y en la calidad de sus servicios llevó a un crecimiento exponencial de la empresa. Google se convirtió en una de las empresas más grandes y poderosas del mundo, no solo en el campo de las búsquedas en línea, sino también en publicidad en internet, tecnología móvil, inteligencia artificial y otras áreas de la industria tecnológica.

Sin embargo, el dominio de Google en el mercado de búsquedas en línea también generó preocupaciones sobre la privacidad de los datos y el poder que una sola empresa tenía sobre la información en la web. La compañía ha enfrentado críticas y desafíos regulatorios sobre su manejo de datos personales y sobre su posición dominante en el mercado, lo que ha llevado a debates sobre regulaciones y políticas relacionadas con la industria tecnológica.

En conclusión, Google revolucionó la forma en que las personas acceden y encuentran información en internet, transformando la búsqueda en línea en una experiencia rápida, precisa y confiable. Su influencia se extendió más allá de los motores de búsqueda para abarcar una amplia gama de servicios en línea, dejando un impacto duradero en la forma en que interactuamos con la información y la tecnología en el mundo moderno.

46

"El Impacto del Cambio Climático en los Últimos 15 Años: Un Análisis"

El cambio climático es un fenómeno global que ha transformado drásticamente nuestro planeta en las últimas décadas. Se refiere a los cambios a largo plazo en los patrones climáticos, causados principalmente por la actividad humana que emite gases de efecto invernadero y altera el equilibrio natural de la atmósfera. En los últimos 15 años, el impacto del cambio climático se ha intensificado, afectando diversos aspectos de nuestras vidas.

Uno de los impactos más evidentes ha sido el aumento de la temperatura global. Desde el inicio del siglo XXI, cada década ha sido más cálida que la anterior. Este calentamiento provoca desequilibrios en los ecosistemas, aumenta la frecuencia e intensidad de fenómenos meteorológicos extremos como huracanes, sequías, inundaciones y olas de calor, lo que resulta en pérdida de vidas humanas, destrucción de propiedades y la alteración de la seguridad alimentaria.

Los océanos, reguladores fundamentales del clima, han experimentado cambios preocupantes. El aumento de la temperatura del agua conduce a la acidificación de los océanos, dañando los arrecifes de coral y amenazando la vida marina. Además, el derretimiento acelerado de los glaciares y la capa de hielo polar ha elevado el nivel del mar, amenazando a las comunidades costeras y agravando el riesgo de inundaciones costeras.

La agricultura y la seguridad alimentaria también se han visto afectadas. Las variaciones climáticas extremas han reducido la productividad de los cultivos, disminuyendo la disponibilidad de alimentos y aumentando los precios. Además, se han observado cambios en los patrones de migración de especies, lo que afecta la biodiversidad y el equilibrio de los ecosistemas.

Los impactos del cambio climático no afectan a todas las regiones por igual. Las comunidades más vulnerables, como aquellas en países en desarrollo y áreas de bajos recursos, enfrentan mayores desafíos para adaptarse a estos cambios. El acceso limitado a recursos y tecnologías adaptables aumenta su exposición a los impactos negativos del cambio climático, lo que agrava la desigualdad y la injusticia ambiental.

Sin embargo, estos últimos 15 años también han presenciado un aumento significativo en la conciencia global sobre el cambio climático. Gobiernos, organizaciones no gubernamentales y movimientos ciudadanos han intensificado sus esfuerzos para abordar este problema. El Acuerdo de París de 2015 fue un hito crucial en el que numerosos países se comprometieron a reducir las emisiones de gases de efecto invernadero para limitar el calentamiento global a menos de 2°C.

La transición hacia fuentes de energía renovable, la adopción de políticas ambientales más estrictas y la promoción de estilos de vida sostenibles son algunas de las acciones tomadas para mitigar los impactos del cambio climático. Sin embargo, la urgencia de la situación requiere un compromiso aún mayor y medidas más ambiciosas para alcanzar objetivos realistas de reducción de emisiones y adaptación a los cambios climáticos ya en curso.

En resumen, el cambio climático ha alterado profundamente nuestro mundo en los últimos 15 años, afectando los sistemas naturales, la seguridad alimentaria, la salud humana y exacerbando las desigualdades. Es imperativo actuar con determinación y colaboración a nivel global para reducir las emisiones, proteger los ecosistemas y prepararnos para los desafíos futuros que plantea el cambio climático. Solo así podremos salvaguardar nuestro planeta para las generaciones venideras.

47

"Impacto y Reflexiones: Atentados en Londres 2005"

El 7 de julio de 2005, Londres fue testigo de una tragedia que sacudió sus cimientos: una serie de atentados terroristas que dejaron una huella indeleble en la ciudad y en la conciencia global. Conocidos como los atentados del 7 de julio, estos actos de terrorismo coordinados en el sistema de transporte público marcaron un antes y un después en la historia contemporánea.

Esa fatídica mañana, cuatro hombres llevaron a cabo ataques con bombas en tres trenes del metro y un autobús de dos pisos en Tavistock Square. La brutalidad de estos actos cobró un precio inmenso: 52 personas perdieron la vida y más de 700 resultaron heridas, algunas con secuelas físicas y psicológicas de por vida.

El impacto de los atentados del 7 de julio de 2005 trascendió las fronteras de Londres, resonando en todo el mundo. Estos ataques demostraron la vulnerabilidad incluso en las sociedades más desarrolladas y resaltaron la realidad dolorosa de que nadie está a salvo del terrorismo.

Las secuelas de esta tragedia se manifestaron no solo en las pérdidas humanas y las cicatrices físicas, sino también en el tejido social y la psique colectiva de la ciudad. Surgieron preguntas difíciles sobre la seguridad, la identidad y las complejidades de la integración multicultural en una sociedad diversa como la londinense.

El impacto en la psique colectiva de la ciudad fue profundo. Si bien la resiliencia y la solidaridad de los londinenses fueron evidentes, la sensación de vulnerabilidad persistió. Los atentados dejaron una cicatriz emocional que recordaba la fragilidad de la vida y la realidad siempre latente de amenazas externas.

En medio de la conmoción, surgió un mensaje de unidad. Los ciudadanos se unieron en actos de apoyo y solidaridad hacia las víctimas y sus familias. Hubo una demostración clara de determinación para no permitir que el miedo y la división se apoderaran de la comunidad.

El legado de estos atentados trasciende la tragedia misma. La resiliencia de Londres se convirtió en un símbolo de fuerza y determinación frente a la adversidad. Se intensificaron los esfuerzos para fortalecer la seguridad, pero también para abordar las causas subyacentes del extremismo y promover la inclusión social como medida preventiva contra el radicalismo.

A pesar del paso del tiempo, el recuerdo de los atentados de 2005 sigue siendo una parte inquebrantable de la historia moderna de Londres. Sirve como un recordatorio constante de la fragilidad de la paz y la necesidad de trabajar juntos para contrarrestar la intolerancia y la violencia.

En conclusión, los atentados en Londres de 2005 dejaron una marca indeleble en la ciudad y en el mundo. Recordamos a las víctimas con profundo respeto y reconocemos el impacto duradero que estos eventos tuvieron en la sociedad y la seguridad global. Continuamos honrando su memoria al mantener la firmeza contra el terrorismo y buscando la paz y la inclusión como pilares fundamentales de nuestra convivencia.

48

"Evo Morales: El Primer Presidente Indígena de Bolivia y su Impacto Histórico"

El ascenso de Evo Morales como el primer presidente indígena de Bolivia en 2006 marcó un hito significativo en la historia política del país y, de hecho, resonó a nivel global. Morales, un líder carismático y representante destacado de los pueblos indígenas, rompió barreras y desafió las estructuras de poder establecidas, abriendo el camino para una transformación profunda en Bolivia.

Antes de su presidencia, Bolivia enfrentaba problemas crónicos de pobreza, desigualdad social y exclusión de las comunidades indígenas, que representaban la mayoría de la población. Evo Morales, de ascendencia aymara, emergió como una figura clave para cambiar esta realidad. Su victoria electoral no solo representó un cambio de liderazgo, sino también un cambio simbólico y cultural trascendental.

La elección de Morales resonó en toda América Latina y más allá, ofreciendo un ejemplo inspirador de cómo un líder indígena podría llegar al poder en una sociedad donde las élites tradicionales habían dominado durante mucho tiempo la escena política. Su victoria fue celebrada como un triunfo para los movimientos indígenas y una señal de cambio hacia la inclusión y la representación de las poblaciones marginadas.

El impacto de la presidencia de Evo Morales fue profundo y diverso. Durante su mandato, implementó políticas que buscaban la redistribución de la riqueza y el reconocimiento de los derechos de los pueblos indígenas. Se enfocó en la nacionalización de los recursos naturales, particularmente el gas y el petróleo, destinando sus ingresos para programas sociales que beneficiaran a los sectores más desfavorecidos.

Uno de los logros más significativos de su gobierno fue la reducción de la pobreza y la mejora de las condiciones de vida para muchos bolivianos. Morales priorizó la educación, la salud y la infraestructura, llevando servicios básicos a áreas rurales y comunidades indígenas que previamente habían sido marginadas.

Sin embargo, su presidencia no estuvo exenta de controversias. Surgieron críticas sobre su estilo de liderazgo, acusaciones de autoritarismo y una polémica en torno a su intento de buscar un cuarto mandato presidencial, que generó protestas y tensión política en el país. Estos eventos llevaron a su renuncia en 2019, tras una crisis política y social.

El legado de Evo Morales sigue siendo objeto de debate en Bolivia y más allá. Su ascenso al poder como el primer presidente indígena dejó una huella imborrable en la historia del país y demostró la capacidad de los líderes indígenas para transformar la política y la sociedad. Su gobierno fue un punto de inflexión en la lucha por la igualdad y la inclusión en un país profundamente diverso.

A pesar de los desafíos y controversias, la presidencia de Evo Morales dejó una marca duradera en Bolivia y sirvió como un recordatorio de la importancia de la representación inclusiva en la política. Su ascenso al poder abrió puertas para una mayor participación de los pueblos indígenas en la toma de decisiones y estableció un precedente para el reconocimiento de sus derechos y su papel en la configuración del futuro del país.

49

"El Nacimiento del Euro: Un hito en la Historia Monetaria Europea y sus Implicaciones"

El Euro, la moneda común de la Eurozona, es un símbolo de integración y unidad en Europa. Su surgimiento fue un proceso complejo y significativo que marcó un hito en la historia económica y política del continente. La creación del Euro no solo implicó un cambio de monedas y billetes, sino que simbolizó una ambición más amplia de unión y cooperación entre naciones.

El inicio oficial del Euro se remonta al 1 de enero de 1999, cuando 11 países de la Unión Europea adoptaron la moneda única para transacciones financieras no monetarias. Estos países formaron lo que se conoció como la "Eurozona". Los países fundadores fueron Austria, Bélgica, Finlandia, Francia, Alemania, Irlanda, Italia, Luxemburgo, Países Bajos, Portugal y España. Posteriormente, otros países se unieron, expandiendo la Eurozona.

El Euro no se introdujo en forma de billetes y monedas hasta el 1 de enero de 2002, cuando se completó el proceso de cambio físico en los países participantes. Este cambio implicó la retirada progresiva de las antiguas monedas nacionales y la introducción de los billetes y monedas en Euros. Fue un momento histórico lleno de ilusión y simbolismo para los ciudadanos europeos, marcando el final de una era de múltiples divisas y el comienzo de una moneda unificada.

La introducción física del Euro no solo implicó un cambio en los medios de pago, sino que también simbolizó un paso hacia la integración europea y la facilitación del comercio y los viajes dentro de la Unión Europea. Eliminó las barreras monetarias, facilitando las transacciones y promoviendo la cohesión económica y social entre los países miembros.

El Euro se convirtió rápidamente en un símbolo de estabilidad y fortaleza económica. Su adopción facilitó la comparación de precios y costos entre diferentes países, promoviendo la transparencia en los mercados y fortaleciendo la confianza de los inversionistas y consumidores en la economía europea.

Sin embargo, la introducción del Euro también enfrentó desafíos y críticas. Algunos países enfrentaron dificultades en la transición, experimentando una inflación temporal o problemas logísticos en la distribución de los nuevos billetes y monedas. Además, surgieron preocupaciones sobre la pérdida de soberanía monetaria, ya que los países que adoptaron el Euro renunciaron al control directo sobre su política monetaria.

A pesar de las dificultades iniciales, el Euro se consolidó como una moneda de gran importancia a nivel mundial. Se convirtió en una de las principales monedas de reserva y fue adoptado en transacciones internacionales. La estabilidad del Euro se convirtió en un pilar clave de la economía global y un símbolo de la fortaleza de la Unión Europea en el mundo.

En conclusión, el nacimiento del Euro representó un hito histórico en la integración europea y la historia monetaria. Fue un proceso lleno de ilusión y simbolismo, marcando un paso significativo hacia la unión económica y la cohesión entre países. A pesar de los desafíos iniciales, el Euro ha demostrado ser un pilar fundamental de la estabilidad económica en Europa y un símbolo de unidad en la diversidad.

50

"Fidel Castro: Reflexiones sobre su Muerte y Legado en el Mundo del Comunismo"

La muerte de Fidel Castro el 25 de noviembre de 2016 marcó el final de una era en la historia contemporánea. Castro, una figura emblemática y controvertida, fue el líder revolucionario que encabezó la Revolución Cubana en 1959, convirtiéndose en el máximo exponente del comunismo en América Latina y un ícono global del socialismo.

La importancia de Fidel Castro trasciende las fronteras de Cuba. Su influencia se extendió por décadas, inspirando movimientos revolucionarios y encarnando la lucha contra el imperialismo y el capitalismo. Su visión de un Estado socialista y su resistencia a la influencia de Estados Unidos en la región lo convirtieron en un símbolo de resistencia y autodeterminación para muchos.

El legado de Castro está intrínsecamente vinculado al idealismo comunista. Durante su mandato como líder cubano, implementó políticas socialistas radicales, incluida la nacionalización de la industria y la distribución de la riqueza. Si bien estas políticas proporcionaron educación y servicios de salud gratuitos para los cubanos, también generaron críticas sobre la falta de libertades individuales y derechos humanos en el país.

La repercusión de su muerte se sintió a nivel mundial. Mientras que sus partidarios lo recordaron como un líder valiente y visionario que desafió la hegemonía estadounidense, sus críticos señalaron sus prácticas autoritarias y la falta de pluralismo político en Cuba durante su mandato.

Castro fue una figura polarizante, admirado por muchos por su firmeza en la defensa de los principios socialistas y su resistencia frente a la presión externa, y criticado por otros por las violaciones a los derechos humanos y la represión política en su país. Sin embargo, su impacto en la geopolítica y la historia moderna es innegable.

Su muerte también avivó el debate sobre el futuro del comunismo en un mundo en constante cambio. La desaparición de Castro simbolizó el final de una época en la que el comunismo tenía una presencia significativa en la política mundial. Mientras algunos ven su fallecimiento como el ocaso de un ideal, otros ven la oportunidad de redefinir y rejuvenecer las ideas socialistas para adaptarse a las demandas del siglo XXI.

A pesar de su muerte, el legado de Fidel Castro continúa suscitando reflexiones y debates sobre el socialismo y el comunismo. Su figura sigue siendo una inspiración para aquellos que abogan por un mundo más igualitario y justo, aunque su modelo político sea cuestionado y analizado críticamente.

En resumen, la muerte de Fidel Castro marcó el fin de una era en la política y la historia contemporánea. Su legado como líder revolucionario, su visión socialista y su lucha contra el imperialismo dejaron una huella indeleble en la historia de Cuba y del mundo. Aunque su muerte ha generado diferentes interpretaciones y valoraciones de su legado, su influencia en la política global perdura y continúa inspirando discusiones sobre el futuro del comunismo y el idealismo revolucionario.

FIN